KB110767

동학개미
주식 열공

동학개미
주식열공

초판 1쇄 인쇄 | 2020년 5월 1일
초판 1쇄 발행 | 2020년 5월 8일

지은이 | 최기운
펴낸이 | 박영욱
펴낸곳 | (주)북오션

편　집 | 이상모
마케팅 | 최석진
디자인 | 서정희·민영선

주　소 | 서울시 마포구 월드컵로 14길 62
이메일 | bookocean@naver.com
네이버포스트 | post.naver.com/bookocean
전　화 | 편집문의: 02-325-9172　　영업문의: 02-322-6709
팩　스 | 02-3143-3964

출판신고번호 | 제313-2007-000197호

ISBN 978-89-6799-538-6 (03320)

이 도서의 국립중앙도서관 출판예정도서목록(CIP)은 서지정보유통지원시스템
홈페이지(http://seoji.nl.go.kr)와 국가자료공동목록시스템
(http://www.nl.go.kr/kolisnet)에서 이용하실 수 있습니다.
(CIP제어번호: CIP2020014584)

*이 책은 북오션이 저작권자와의 계약에 따라 발행한 것이므로 내용의 일부 또는 전부를
　이용하려면 반드시 북오션의 서면 동의를 받아야 합니다.
*책값은 뒤표지에 있습니다.
*잘못 만들어진 책은 구입하신 서점에서 교환해 드립니다.

'오르는 주식 사는 법, 내리는 주식 파는 법은 따로 있다!

동학 개미
주식 열공

SELL

BUY

최기운 지음

북오션

프롤로그

　2020년 초반 2200대를 넘긴 코스피지수는 코로나19 사태가 벌어지자 3월 한때 1500대가 붕괴되기도 하는 등 엄청난 폭락을 맛보았다. 이후에도 급등락이 이어지면서 거래중지 상황이 벌어지기도 했다.

　전 세계가 코로나19 때문에 몸살을 앓고 있다. 경제·사회적으로도 큰 피해를 보면서 암울한 시대를 보내고 있다. 외국인투자자는 기록적인 매도물량을 던지면서 지수하락에 불을 지폈다. 증시는 폭락/폭등을 반복하면서 하락했다. 하지만 위기 속에 기회가 있다. 이렇게 폭락으로 모두들 주식시장을 외면할 때가 오히려 저점매수의 기회가 된다.

외국인이 삼성전자, 현대자동차, SK하이닉스 같은 대표적인 우량주들을 내다 팔 때도 반대로 슬그머니 사들이는 종목도 있다. 다양한 생활밀착형 성장산업, 4차산업혁명 종목들, 코로나19로 수혜를 보는 방역·진단·백신 관련 종목이 바로 그 대상이다.

하지만 이런 일면만 보고 덜컥, 준비 없이, 함부로 덤비면 쓰라린 상처를 안고 피 같은 돈만 날린다. 준비 없이 주식투자를 시작하면 현실은 정반대로 순식간에 원금을 다 까먹게 된다. 이게 바로 개인투자자의 숙명이다. 반면에 외국인은 이런 개인투자자의 호주머니를 털어가면서 배를 두둑하게 불려가고 있다.

"내가 사면 주가는 하락하고, 팔면 올라간다. 증시 분위기가 아무리 좋아도 내가 산 종목만 오르지 않는다."

도대체 왜 이러는 것일까? 당신이 주식투자로 성공하지 못하는 이유는 바로 투자심리를 모르기 때문이다. 주식시장에 가장 큰 영향을 미치는 요소는 바로 인간의 심리다. 그런데 개인투자자는 기관이나 외국인에 비해 이 점이 제일 취약하다. 그래서 언제나 뒤늦게, 반대로 투자해서 피 같은 돈을 날리고 만다.

코로나19 사태로 증시가 폭락 일색일 때도 상승하는 종목이 있고, 반대로 폭발적으로 반등해 증시에 상한가 종목이 즐비할 때도 하한가를 가는 종목은 있다.

당신이 주식으로 돈을 벌고 싶으면 인간의 심리부터 파악해야 한다. 그리고 왜 사람이, 특히나 개인이 그렇게 무모한 투자로 손실을 보는지 적나라하게 이해하고 이와 반대의 투자 행태를 보여야 한다. 그렇게만 해도 이 시장에서 성공할 확률은 65퍼센트에 달한다. 개인이 증시 분위기와 반대로 투자하는 확률이 65퍼센트이므로, 개인과 반대로 투자하면 이미 절반은 성공하고 시작하는 셈이다.

그런데 막상 어떻게 해야 개인과 반대로 투자하고, 어떤 종목을 골라 안전하게 매매시점을 파악해서 사고팔 수 있을까?

이 책에서는 여러분에게 그 해답을 간단하면서도 확실한 실전 사례를 들어 설명한다. 인트로에서는 왜 당신이 주식투자로 돈을 벌지 못하는지, 그리고 어떻게 해야 이 시장에서 살아남을 수 있고 궁극적으로 수익을 낼 수 있는지에 대한 화두와 간단한 대답을 제시한다.

1부에서는 언제 주식을 사고팔아야 하는지, 무엇을 기준으로 해야 하는지 설명한다. 주식투자는 결국 어느 종목을 언제 사고파느냐에 의해 수익과 손실이 귀결된다. 이에 대한 명쾌한 답을 기술적 분석과 가치투자, 그리고 이를 접목한 심리분석과 계량분석으로 설명한다.

　2부에서는 매수와 매도 상황을 만들고 이를 우리에게 알려주는 신호를 설명한다. 주식은 항상 들릴 듯 말 듯한 신호를 우리에게 보내고 있다. 우리 귀가 어둡고 딴 곳에 정신을 팔고 있어서 이를 모르고 지나치기에 뒤늦은 후회를 하는 것뿐이다.

　3부는 성장산업에 속한 투자유망종목을 어떻게 선정하고 실제로 언제 사고팔 것인지를 설명하는 실전 투자다. 앞에서 설명한 심리분석과 계량분석을 접목하고 개인과 외국인의 순매매금액을 기준으로 하는 매매동향그래프를 분석해서 매수/매도시점을 포착하는 것이다. 이를 통해 실제로 주식을 사고팔았을 경우, 어떻게 손실을 피하고 수익을 더할 수 있는지 알 수 있다.

　실패확률이 높은 개인을 피해가고 투자성공률이 높은 외국인을 따르면 그 어떤 분석이나 이론보다 더 안전하고 확실하게 이 시장에서 성공할 수 있다. 기본적인 기업분석에 더해 〈심리분석+순매매교차 기법〉을 적용하면 어떤 종목, 어떤 상황에서도 투자에 성공할 확률을 획기적으로 높일 수 있는 것이다.

최기운

차 례

PART 01

주식 투자, 언제 사고 팔아야 할까?
종목 발굴은 기업가치, 매매 타이밍은 심리 분석+계량 분석

PART 02

매수/매도 상황을 만드는 변수와 대응전략
사고팔아야 할 때를 알려주는 시장의 신호들

PART 03

성장 산업 투자 유망 종목 선정과 매수 매도 실전 · 전략

수익성 · 안정성 · 성장성 3분할 분석으로 종목 선정, 순매매 동향 교차로 매매 시점 확인

INTRO 01 왜 내가 사기만 하면 주가가 폭락하고, 참다 못 해 팔고 나면 오르는 걸까?

A씨는 전문가들 의견도 참조하고 종목 분석을 하는 등 나름 준비해서 주식 투자에 나서지만 번번히 손실을 기록하고 만다. 항상 자신이 사는 종목만 하락하고 다른 종목들은 잘도 날아간다. 하염없이 폭락하는 주가를 바라보면서 속만 태우다가 더 이상 버티지 못하고 결국 헐값에 손해보고 팔고 나면 언제 그랬냐는 듯이 솔솔 오르기 시작한다. 도대체 왜 이러는 것일까?

INTRO 02 주식시장의 인간지표, 개인과 반대로만 하면 수익 난다! 무엇을, 어떻게?

B씨는 자신을 포함해서 수많은 개인 투자자들이 주가흐름과는 반대로 투자해서 손실을 본다는 것을 뼈저리게 느꼈다. 그러다 보니 '개인과 반대로 투자에 나서면 성공할 수 있지 않을까?' 하는 생각이 들었다. 그런데 구체적으로 어떤 지표를 가지고 어떤 검증된 매매 기법으로 종목을 선정하고 사고파는 타이밍을 포착해야 할지 막막했다. 이럴 때 필요한 간단 명료한 분석 기법이 있다면 얼마나 좋을까?

기업분석+심리분석에 기반한 순매매 교차로 100% 알 수 있는 매수/매도시점!

C씨는 주식 투자에서 심리분석이 중요하다는 것을 깨닫고는 이를 투자에 적용할 수 있는 방법을 연구했다. 그 결과로 주체별 동향을 보고 개인과 외국인의 순매매 금액을 차트에 활용하는 방법을 알게 되었다.

두 주체의 그래프가 교차하는 시점을 매수/매도 포인트로 삼는 단순한 방법이 의외로 족집게 같은 성공 확률을 기록해 투자 수익을 불려가게 되었다.

주식 투자,
언제 사고 팔아야 할까?

종목 발굴은 기업가치,
매매 타이밍은 심리 분석+계량 분석

주식 투자에는 보통 경제 동향과 국내외 뉴스 등 주로 거시경제와 관련 사항을 위주로 판단하는 기본적 분석, 차트를 분석해서 판단하는 기술적 분석, 개별 기업의 재무제표나 실적 등 잠재력과 가치를 위주로 판단하는 가치 분석, 투자자의 군중심리를 분석하는 심리 분석이 많이 사용된다.

- 기본적 분석: 국내외 경제 관련 상황을 분석해서 증시 향방을 파악함.
- 기술적 분석: 차트와 각종 보조 지표를 활용해 종목 선정과 투자 결정에 참조함.
- 가치 분석: 개별 기업의 역량과 성장성 등을 다양한 지표로 분석, 유망 종목을 발굴함.
- 심리 분석: 투자에 나서는 인간의 심리를 분석해 계량적으로 분석 못하는 움직임을 포착함.

그리고 위의 장단점을 통합 보완해서 이 책에서는 〈계량 분석+심리 분석〉을 제시한다.

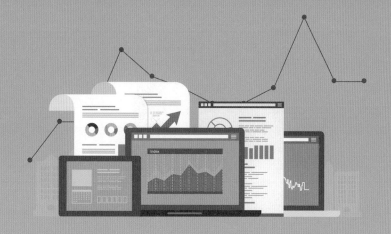

chapter 01

기술적 분석 –
단순하고 넓은 적용 범위는 장점,
아쉬운 후행성의 한계

주가의 궤적인 차트의 패턴을 분석해 손쉽게 종목을 발굴하고 매매 타이밍을 포착

주식 투자를 하는 많은 사람들이 당연히 분석하는 것이 바로 차트다. 주가가 오르고 내린 궤적과 보조 지표, 거래량 등이 표시된 차트를 분석해 종목을 찾고, 향후 주가의 향방을 가늠하는 방법이다. 즉, 차트를 보고 "예전에 이런 차트 형태가 나온 종목은 주가가 저렇게 변했으니, 또 이런 형태가 나오면 그렇게 변할 거야" 하고 분석하는 것이다.

그래서 주식 투자에 나선 많은 초보자가 묻지마 투자 수준을 벗어나 기술적 분석에 눈을 뜨고 나면 마치 금광이라도 발견한 것처럼 들뜬다. 그래서 잔뜩 기대에 부풀어 차트 분석에 매달려 기계적으로 투자에 나서지만 결과는 쓰라린 실패로 끝나는 경우가 허다하다.

기술적 분석은 한두 가지의 지표나 차트 형태를 가지고 오묘한 주식 시장에 맞설 수 있는 만능 해결사가 결코 아니다. 기술적 분석은 경제 동향 분석, 기업의 본질적인 가치 분석, 투자자의 심리 분석 등과 함께 활용해야 비로소 그 효용 가치가 증대된다.

기술적 분석의 전제 :
과거는 반복되고 주가는 일정한 추세를 가지고 움직인다

기술적 분석의 전제는 '과거는 반복되고 주가는 일정한 추세를 가지고 움직인다'는 것이다. 그래서 수많은 종목의 지난 차트를 분석해 주가가 상승할 확률이 높은 '차트 패턴'을 도출한다. 그리고 그와 비슷한 차트 패턴을 보이는 종목을 찾아 투자하면 결국은 주가가 상승할 것이기 때문에 성공할 확률이 높다는 것이 기술적 분석의 기본 이론이다.

주가는 한 번 움직이면 계속해서 같은 방향으로 움직이려는 성향이 있다. 이런 성향을 '추세'로 파악할 수가 있기 때문에 차트를 분석해 추세를 파악하고 상승 추세를 따라가면 수익을 낼 수 있다는 의미다.

이 방식은 개별 기업의 특수성보다 지나간 주가의 흔적을 기준으로 삼기 때문에 상승 가능성이 높은 종목을 찾는 '비법'을 만들어내기는 쉽다. 차트의 보편적 특징만 이해하고 성공적인 패턴을 도출하면 어느 종목에나 적용할 수 있다. 기술적 분석은 적용 범위가 넓고 이해하기 쉬워서 처음에는 대단한 비법처럼 느껴지기에 처음 이를 접하면 투자 성공에 대한 꿈을 꾸게 한다.

개별 기업의
특수한 상황을 제대로 반영하지 못하는 단점

기술적 분석은 과거에 주가가 상승한 차트의 모양을 분석해 비슷한 패턴의 종목을 찾아 투자하는 방법이다. 얼핏 매우 간단하고 합리적인 투자 방법 같아 보인다. 하지만 결정적인 단점이 있다. 바로 개별 기업에 대한 분석이 부족하다는 점이다. 기침만 하면 무조건 감기에 걸렸다고 단정할 수 있을까? 다양한 이유로 기침을 할 수 있는데도 무조건 감기라고 판단해 감기약만 먹으면 반드시 문제가 생긴다. 게다가 사람마다 건강 상태가 달라서 누구는 병이 심해질 수도, 어떤 이는 며칠 만에 아무일 없다는 듯이 일어날 수도 있다.

마찬가지로 기업의 내부 상황이나 업종의 시장 상황이 다른데, 어떻게 과거의 주가 움직임과 비슷하다고 향후의 주가도 같은 형태로 움직인다고 확신할 수 있을까? 호재나 악재가 주가에 미치는 반응이 개별 종목에 따라 다르게 적용되는 것을 제대로 반영할 수 없다는 결정적인 한계가 있다.

지나간 결과를 가지고 짜맞추는 '뒷북'
후행성(後行性)과 조작의 한계

기술적 분석은 이미 알고 있는 과거의 주가, 즉 이미 지나간 과거를 기준으로 한다. 지나간 결과를 가지고 짜맞추기 때문에 뒷북을 치는 '후행성'이라는 한계가 있다.

과거의 주가 움직임에 영향을 미친 수많은 변수들이 향후에도 동일하게 같은 영향을 미칠 수 없다. 그래서 이미 알고 있는 결과에 이유를 갖다 붙이는 꼴이 되고 마는 것이 문제다. 이미 답을 아는 상태에서 문제를 보면 당연히 문제가 쉬워 보이고 얼마든지 그럴듯하게 해답을 설명할 수 있다. 그렇지만 답을 모른 채 문제만 보면 정답을 알기가 쉽지 않다.

그럼에도 증권사 HTS에 접속하면 비슷한 차트 패턴을 형성하는 수많은 종목을 찾을 수 있다. 투자 관련 인터넷 사이트를 봐도 차트에 줄긋고 장황하게 설명하는 글과 방송이 넘쳐난다. 많은 투자자가 차트를 분석해 설명하는 전문가의 설명을 들을 때는 '아하! 그렇구나' 하고 무릎을 치면서 감탄한다. 하지만 이들의 '비법'만 믿고서 실전에 들어가면, 주가는 과거가 아니라 '현재진행형'으로 움직이기 때문에 막상 그 순간에 어떤 판단을 내려야 할지 막연하고, 패턴과 잘 들어맞지 않아 실패를 반복하게 된다. 그제야 과거의 성공 사례가 향후의 성공을 보장할 수는 없다는 것을 깨닫는다.

게다가 '차트의 모양'은 얼마든지 '세력들'이 비슷하게 만들어낼 수 있다. 그러면서 물량을 넘길 준비를 마친 다음 대박이라고 소문을 내고 폭탄을 날려버린다. 기술적 분석만 봐서는 손실 날 일이 없을 것 같은데 항상 손실을 보고 나서 뒤늦은 후회와 복기를 하게 된다.

주식 투자를 하기 전에 차트를 참조하는 것은 좋지만 맹신은 금물이다. 잘못하면 투자의 시야를 좁게 만들 뿐만 아니라 '차트 만능주의'에 빠지는 우를 범할 수 있다.

추세 전략과 역추세 전략 중
어떤 것이 효과적일까?

　주식 투자에 관한 기본적 원칙과 전략은 여러 가지가 있는데 그중에 추세를 기준으로 삼는 추세 전략(Momentum Strategy)과 역추세 전략(Contrarian Strategy)이 있다. 추세 전략이란 과거 주가 상승률이 높은 종목을 매수해 수익을 추구하는 전략이고 역추세 전략은 이와 반대로 과거에 주가 하락률이 큰 종목을 매수해 수익을 추구하는 전략을 의미한다.

　추세 전략은 말 그대로 상승 추세를 이어온 종목이 향후에도 상승할 확률이 높으므로 상승하는 종목을 골라서 투자하는 것이다. 가속 붙은 자동차가 계속해서 빨리 달린다는 원리다. 이에 비해 역추세 전략은 많이 하락한 종목이 상승으로 반전할 것을 염두에 두고 길목에서 지키면서 추세 전환을 노리는 것이다. 공을 떨어뜨리면 바닥을 찍고는 결국 다시 튀어 오른다는 것을 전제로 하는 전략인 셈이다.

그렇다면 추세 전략과 역추세 전략 중 어느 방법이 더 효과적일까?

추세 전략은 상승과 하락기에 유리,
역추세 전략은 보합기에 유리

2011년부터 2017년까지 6개월 단위로 유가증권시장에 등록된 종목을 대상으로 추세에 따른 투자 전략을 적용해 볼 경우 업종 지수와 개별 종목 모두 추세 전략이 역추세 전략보다 훨씬 효과적이었다. 6개월간의 등락률을 기준으로 업종별로 상·하위 그룹으로 분류해 상위 3개 업종과 하위 3개 업종을 비교한 결과, 과거 6개월간 상승률이 높은 업종이 향후 6개월 동안에도 상승

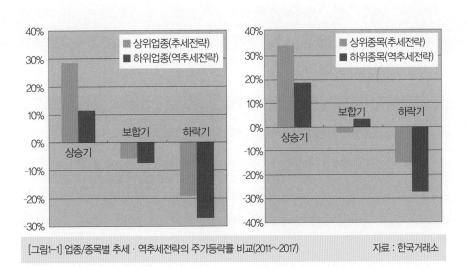

[그림1-1] 업종/종목별 추세·역추세전략의 주가등락률 비교(2011~2017)　　　　자료 : 한국거래소

률이 높았다. 주가 상승률이 높은 상위 3개 업종은 이후에도 하위 3개 업종에 비해 추가 상승했다.

[그림1-1]에서 보듯이 주가 상승 상위 업종(추세 전략)은 주가 상승기에는 28.5퍼센트가 상승해서 11.4퍼센트 상승에 그친 하위 업종(역추세 전략)보다 훨씬 좋은 성과를 보였다. 하락기에도 상위 업종은 −19.1퍼센트가 하락해서 −26.8퍼센트가 하락한 하위 업종에 비해 하락폭이 조금 적었다. 개별 종목을 분석해봐도 역시 업종과 비슷하게 추세 전략이 역추세 전략보다 효과적이라는 결과가 나왔다.

이와 같이 업종과 종목을 추세에 따라 분석한 종합적인 결과, 주가 상승기와 하락기에는 추세 전략의 성과가 훨씬 좋은 것으로 나타났고 보합기에는 역추세 전략이 좀 더 효과적이었다. 그렇다면 상승과 하락기에는 추세 전략, 보합기에는 역추세 전략을 취하면 되는 것이 아닐까?

이론적으로는 맞는 말이지만 현실적으로는 그렇게 쉬운 일이 아니다. 앞에서 기술적 분석을 언급할 때 설명한 바처럼 추세는 지나고 나서야 그 시점과 전환을 명확하게 알 수 있는 것이지 진행 중인 상태에서는 판단하기 매우 어렵다. 그리고 보합기에 역추세 전략을 활용한 성과는 상승·하락기에 추세 전략을 사용한 수익률에 비해 매우 미미한 수준이다.

증시의 움직임에 따라 모든 구간에서 성과를 내겠다고 추세 전략과 역추세 전략을 이리저리 오고 가다가는 오히려 앞뒤로 손실이 나기 십상이다. 차라리 상승과 하락기에 유리한 추세 전략을 유지한다면 훨씬 안정적이고 좋은 성과를 거둘 수 있다.

거래량으로 판단하는
상승 · 하락 추세의 매매 포인트

주가가 상승 추세로 진입하거나 하락 추세로 진입하기에 앞서 거래량 변동이 나타난다. 이 둘은 불가분의 관계가 있다. 그래서 거래량 분석은 차트의 후행성을 보완하면서 주가 흐름을 파악하는 데 활용된다.

거래량은 현재진행형으로
차트의 후행성을 보완

앞에서도 언급한 것처럼 기술적 분석은 지나간 주가를 분석하는 것이기 때문에 '후행성'이라는 한계가 있지만 거래량은 주가 움직임에 앞서거나 동시에 움직이는 '현재진행형' 양상을 보인다. 그래서 차트를 분석할 때는 대부분 거

[그림1-2] 주가에 선행하는 거래량 증가 · 감소 사례   자료 : 미래에셋대우

래량 변동을 같이 파악해야 한다.

[그림1-2]는 주가에 선행하는 거래량의 움직임을 보여주는 사례다. ①에서 보듯이 거래량은 주가에 선행해서 증가한다. 거래량이 증가하고 투자자가 몰리면서 주가는 상승한다. 거래량을 분출한 뒤 주가는 긴 음봉이 줄지어 나오면서 급락하기 시작한다.

②와 ③에서는 거래량의 선행성이 더 명확하다. 저점을 찍은 거래량이 큰 폭으로 증가하면서 주가는 급등하고 있다. 거래량이 최고점을 찍고 줄어들면서 주가도 최고점을 찍고 상승세가 꺾인다. 역시 음봉이 줄지어 출현하면서

주가는 급락세를 보이며 흘러내린다

　이처럼 거래량은 주가에 선행해 주가 움직임의 향방을 알려주고 있다. 주가 차트의 후행성을 보완해주는 시장의 지표인 셈이다.

거래량은 주가 조작 세력의
흔적이 고스란히 남는 증거

[그림1-3]은 고점에서 거래량이 폭발한 뒤 거래량이 급감하면서 주가도 폭

[그림1-3] 고점에서 거래량이 터지면서 하락추세로 전환되는 사례　　　　자료 : 미래에셋대우

락하는 사례다. 거의 거래가 없던 종목이 거래량이 급증하면서 주가가 상승한다. 그리고 주가가 고점을 찍기 전에 거래량이 터지면서(엄청난 양의 거래가 폭발적으로 이뤄짐) 주가 하락을 예고하고 있다. 거래량 폭발 이후에 거래량이 급감하고 주가도 줄줄이 흘러내리고 있다.

① 시점에서 특정한 세력이 '한 방'을 노리고 소리 소문 없이 주식을 이미 사 모은 상황이다(주식을 매집함).

② 시점에서 시중에 각종 호재나 소문을 퍼뜨리면서 투자자를 끌어 모아 거래량을 늘리며 주가 상승을 꾀한다.

③ 주가가 오를 만큼 올랐다 판단되면 세력들은 자신들이 보유한 물량을 시장에 내다 팔아 치우면서 이익을 실현한다. 고점에서 거래량이 터진 후 주가는 하락 추세로 돌아설 준비를 한다.

④ 시점이 되면 이런 사실을 모르는 묻지마 투자자가 뒤늦게 꿈에 부풀어서 세력들의 물량 매수에 나선다. 하지만 일장춘몽이다. 한탕 크게 벌어들인 세력들은 거래량이 터졌을 때 이미 손 털고 나가고 남은 건 뒷북 치는 묻지마 투자자뿐이다.

이쯤 되면 신기술 개발이니, 대형 계약이니, 대규모 정부 지원이니 하던 호재는 모두 허위이거나 부풀려진 뻥튀기란 사실이 만천하에 드러나기 시작한다. 뒷북 치는 안타까운 개미끼리 폭탄 돌리기를 하다가 자멸할 뿐이다.

04

서로 다른 신호를 보내는
수많은 보조 지표들

보조 지표란 말 그대로 기술적 분석을 위한 보조적인 도구로서 다양한 지표가 개발돼 사용되고 있다. 그리고 이러한 보조 지표는 증권사 HTS를 이용하면 간단하게 적용해 차트와 함께 사용할 수 있기에 주가를 분석하고 투자여부를 판단하는 데 필수 요소가 됐다.

보조 지표는 종류가 너무 많고, 그 원리나 변수 값의 차이를 제대로 이해하려면 상당한 지식과 노력이 필요하다. 게다가 너무 많은 보조 지표를 섭렵하려고 욕심 내다가는 혼란만 가중되고 '지표 만능주의'에 빠지는 오류를 범할수 있다. 지표 만능주의란 잘 맞는 기술적 보조 지표만 찾아내면 무조건 수익이 보장될 것이라는 착각에 빠져 기업의 본질 가치나 투자자의 심리 상태 분석은 망각한 채 지표 분석에만 매달리는 것을 말한다.

'족보'도 복잡하고 종류와 특징도
다양한 보조 지표들

[표1-1]은 대표적인 보조 지표의 종류와 특징이다. 이들 보조 지표는 관점에 따라 다양한 기준으로 구분되기도 하고, 특징도 서로 비슷하거나 상반되기도 한다. 상황에 따라 자기 입맛에 맞도록 적절하게 활용하는 것이 중요하지, 구분과 특징에 너무 얽매일 필요는 없다.

보조 지표는 각 지표마다의 특징과 장단점이 있기에 어느 것이 가장 중요하다고 할 수 없으니 시장 환경이 변화하면 그에 따라 적절하게 사용하는 지혜가 필요하다. 물론 항상 잘 맞는 지표가 있는 것도 아니고 항상 틀리기만 하는 지표가 있는 것도 아니다. 또한 각 지표는 변수 값을 어떻게 주느냐에 따라 서로 정반대의 신호를 보내기도 하기에 너무 많은 지표를 참조하기보다 처음에는 한두 개 정도를 활용해 지표의 원리와 장단점을 이해하는 것이 바람직하다.

보조 지표에만 집착 말고
거래량과 주체별 동향을 같이 분석해야

많은 투자자가 무조건 많은 보조 지표를 참조하면 좋은 줄 알고 온갖 보조 지표를 차트에 표시하고 분석하려 한다. 겉보기에는 그럴듯하고 폼 나게 보이지만 각 지표의 특징도 제대로 이해하지 못한 채 들여다보면 뭐가 뭔지 복잡하기만 하고 헷갈린다. 대부분의 보조 지표는 주가가 등락한 데이터에서

[표1-1] 보조 지표의 분류와 세부 지표 항목

보조 지표 분류	특징	세부지표
가격 지표	주가를 이용한 기본 지표	가격이동평균
		볼린저밴드(Bollinger Band)
추세 지표	추세의 진행과 반전 여부를 분석	MACD
		CCI
		SONAR
탄력성 · 변동성 지표	주가의 탄력성과 변동성의 확대 · 축소를 분석	이격도
		DMI
		스토캐스틱(Stochastic)
		RSI
시장 강도 지표	시장의 과열(관심)과 냉각(무관심) 여부를 분석	거래대금회전율
		거래량회전율
		예탁금
거래량 지표	거래량을 토대로 한 분석	거래대금
		거래량
		거래량이동평균
		CO
		OBV

파생돼 만들어지기 때문에 아무리 다양하고 다른 방법으로 분석한다고 해도 태생적으로 '부모' 격인 주가의 울타리를 넘지 못하는 한계가 있다.

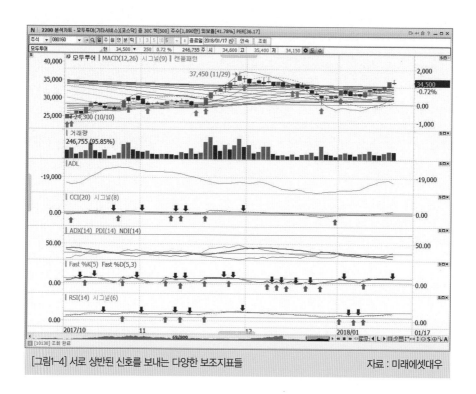

[그림1-4] 서로 상반된 신호를 보내는 다양한 보조지표들　　　　자료 : 미래에셋대우

　예를 들어 MACD, CCI, SONAR 등의 지표를 여러 개 한꺼번에 참조하면 같은 추세 지표임에도 서로 '파세요', '사세요' 하고 상반된 신호를 보내기도 한다. 어떻게 하라는 건지, 오히려 혼란만 부추기는 꼴이다.

　그래서 보조 지표를 활용할 때는 비슷한 것을 여러 개를 사용하느니, 마음에 드는 지표 한두 개에 거래량(거래 대금), 주체별 동향(개인·기관·외국인의 순매수·순매도 금액 추이)이라는 서로 '출신 성분이 다른' 데이터에 기초한 지표를 병행해 참조하는 것이 바람직하다.

'가격'에서 파생된 추세 · 변동성 등의 보조 지표, '매매'에서 파생된 거래량이나 거래 대금 관련 지표, 시장을 바라보는 매매 주체별 '심리'에 기초한 순매수 · 순매도 지표는 주식 시장의 과거와 현재, 그리고 미래를 가늠하게 해주는 3대 지표라고 할 수 있다.

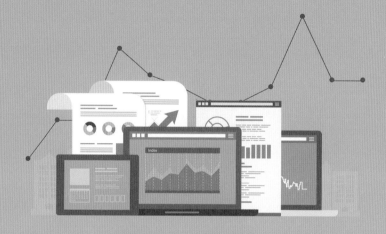

chapter 02

가치 투자 –
숨은 보석 찾기에 최적화,
투자 심리 분석은 아쉬움

개별 기업의 역량을 계량적 요소로 해부하는 가치 투자

예술적 재능이 있지만 아직 인정받지 못하고 있는 예술가를 찾아내 그의 작품을 저렴한 가격에 사둔다. 그리고 그가 실력을 인정받고 유명해져서 작품의 가치가 올라 가격이 비싸지면 팔아서 큰 수익을 낸다. 미술 작품에 투자할 때 가장 기초가 되는 원리다.

가치 투자도 이와 비슷하다. 기업의 가치에 비해 주가가 저평가돼 있는 종목을 발굴해서 투자한 뒤에, 기업이 가치를 인정받기 시작해 주가가 상승하면 큰 수익을 내는 방식이 바로 가치 투자다.

반세기 전에 이미
가치 투자를 주창한 벤저민 그레이엄

현대적인 투자 기법을 창시한 벤저민 그레이엄(Benjamin Graham)은 이미 1949년에 그의 유명한 저서 『현명한 투자자(The Intelligent Investor)』에서 가치 투자를 언급했다. 그는 '가장 현명한 투자 전략은 가치 있는 종목의 주가가 가치보다 쌀 때 사서 가치에 준하는 가격이 될 때 팔아 수익을 올리는 가치 투자'라고 했다.

현존하는 최고의 가치 투자자이자 세계적인 갑부인 워렌 버핏은 자신이 존경하는 스승이기도 한 벤저민의 이런 개념을 기반으로 삼아 가치 투자 전략을 실행에 옮겼고, 오랜 세월 동안 꾸준히 수익을 누적해왔다. 그는 미국의 IT 거품이 꺼지면서 관련 종목이 폭락하는 와중에도 흔들림 없이 수익을 내는 놀라운 성과를 거두었다. 물론 지금도 워렌 버핏의 가치 투자 전략은 승승장구하고 있다.

가치 투자는 미국에서는 이미 오래 전에 정립된 개념인데 비해 우리나라에서는 그 역사가 짧다. IMF 이후 외국인 투자자가 본격적으로 우리나라 증시에 들어오면서 자연스럽게 도입돼 '가치' 있는 종목이 발굴되기 시작했다.

외풍에 민감하게 반응하지 않아도 되는
우직함이 있는 가치 투자

기업의 내재 가치에 비해 고평가된 대중 인기주는 반짝 상승 후에 장기적으로 주가가 하락하는 경우가 많다. 반면 기업의 내재 가치에 비해 가치를 제대로 인정받지 못한 종목은 가치를 인정받기 시작하면 주가가 꾸준하게 상승한다.

경기가 나빠도 손님이 넘쳐나 장사가 잘되는 점포가 있고, 경기가 아무리 좋아도 망하는 회사가 있다. 마찬가지로 투자 종목을 결정할 때 개별 기업의 내재 가치를 분석해서 판단하는 과정이 가장 중요하다. 기업의 주가는 기업의 가치에 근거해 평가해야 하는 것이므로 어떻게 보면 가치 투자는 주식 투자의 원리를 가장 정확하게 반영한 투자 방법이라고도 볼 수 있다.

또한 가치 투자는 경기 변화나 뉴스 등 단기적으로 주가에 영향을 주는 외부 요소에 민감하게 반응하지 않아도 된다는 장점이 있다. 왜냐하면 아무리 훌륭한 선수나 장래가 촉망되는 신인도 모두 슬럼프는 겪기 마련이다. 그래서 단지 일시적인 슬럼프인지 실력이 퇴보하는 것인지만 판단하면 되는 것이지 매일매일의 승률이나 경기 성적에 울고 웃으면서 조급하게 마음 졸일 필요가 없다.

화끈하고 단기적인 승부를 즐기는
국내 투자 환경과는 아직 괴리감 있어

그렇지만 이러한 가치 투자도 단점은 있다. 말이 쉬워 '가치 있는 종목'을 '발굴'한다는 것이지 도대체 가치의 기준을 어떻게 잡고 분석해야 할까? 또 증시에 상장된 수많은 종목 중에서 '가치가 있는' 주식을 어떻게 찾아낼 수 있을까? 게다가 언제 가치를 인정받을 줄 모르는데 도 닦듯이 하염없이 기다릴 수 있을까?

진흙 속에 묻혀 있는 진주를 찾으려면 일단 꼼꼼하게 진흙을 뒤져야 한다. 그렇게 뒤지다 발견한 '진주'가 제대로 진가를 발휘할 때까지 지켜봐야 하므로 끈기도 필요하다. 그래서 단기간에 끝나는 화끈한 승부를 좋아하는 우리나라 개인 투자자에게는 다소 버겁거나 지루한 투자 방법이기도 하다.

하지만 가치 투자는 앞에서 설명한 기술적 분석에 비해 훨씬 주식 투자의 원리에 맞는 투자 방법이다. 가치 투자는 장기적으로 보면 결국 안정적인 수익 창출이 가능한 투자 방법이다.

복리를 이용한 장기 투자로 세계적인 갑부가 된, 가치 투자의 달인 워렌 버핏은 "주식 투자는 주가를 거래하는 것이 아니라 기업의 가치에 투자하는 것"이라고 했다. 주가가 오를 것 같아서 매수하고 주가가 하락할 것 같아서 매도하는 행동은 '주가'를 거래하는 것이다. 하지만 진정한 주식 투자는 주가를 거래하는 것이 아니라 기업의 가치를 판단해서 거래하는 것이다. 그는 주가가 아닌 기업의 가치가 올라가면 매수하고, 기업의 가치가 하락하면 매도함으로써 결국 주가의 등락에 속지 않고 주가를 이기게 됐다고 한다.

가치 투자를 위한 기업 분석의 기본 − 전자공시시스템(DART)

　금융감독원은 증시에 상장된 기업의 정보 투명화와 투자자 보호를 위해 전자공시시스템(DART)를 운용하고 있다. 이 사이트에는 증권 시장에 상장된 기업의 다양한 정보가 수록돼 있다. 금융감독원은 정보 불균형이나 독점을 방지하고자 일정한 양식에 맞게 다양한 기업 정보를 의무적으로 이곳에 공개하도록 정하고 있다. 투자자는 이곳에 접속해서 유망 종목을 찾을 수도 있고 자신이 보유한 종목의 주가에 영향을 미치는 중요한 회사 정보를 확인할 수도 있다.

전자공시는 믿을 수 있고
유용한 기업 정보의 보물 창고

일부 투자 정보 사이트나 인터넷 포탈에서 제공하는 기업 정보는 작위적으로 편집되거나 걸러지고, 심하면 왜곡돼 있는 경우도 많다. 그렇기 때문에 금융감독원이라는 공신력 있고 제재 권한이 있는 정부 기관의 '원본' 정보를 직접 찾아서 참조할 수 있는 전자공시시스템이 훨씬 안전하고 정확하다.

이곳에 수록된 상당수의 정보는 '건조한 공공 양식'으로 작성됐기 때문에 처음에는 이해하기 다소 어렵고, 꽤나 딱딱하고 지루하게 느껴진다. 그렇지만 몇 번 보다 보면 가장 핵심 내용을 잘 모아놓은 정보 창고라는 것을 알 수 있다.

[표1-2] 금융감독원 전자공시시스템의 정보 제공 항목

구분	세부 항목
정기공시	사업보고서, 반기보고서, 분기보고서, 등록법인 결산서류 등
주요사항보고	주요사항보고서, 주요경영사항 신고, 최대주주 등과의 거래신고 등
발행공시	증권신고(지분증권, 채무증권, 파생결합증권, 합병), 소액공모 등
지분공시	주식 등의 대량보유 상황보고서, 공개매수, 의결권대리행사 권유, 임원 · 주요주주 특정증권 등 소유상황보고서 등
기타공시	자기주식취득 · 처분, 신탁계약체결 · 해지, 사외이사에 관한 신고, 주주총회 소집공고 등
외부감사관련	감사보고서 등
자산유동화	자산 · 채권유동화 계획 등
거래소공시	수시공시, 공정공시. 시장조치 · 안내, 지분공시 등
공정거래위원회공시	대규모내부거래관련, 기업집단현황공시 등

[표1-2]는 금융감독원 전자공시시스템에서 제공하는 주요한 공시 내용과 세부 항목이다. 이들 목록을 보면 매우 다양한 기업 정보가 수시·정기적으로 공시되고 있다는 것을 알 수 있다.

회사의 기본 정보 외에
다양한 실적 정보를 파악할 수 있는 전자공시시스템

다음 [그림1-6]은 전자공시시스템을 활용하는 예다. '티씨케이'라는 종목이

[그림1-5] 금융감독원 전자공시시스템(DART)　　　　　　　　　　　자료 : 금융감독원

유망 종목이라는 모증권사의 분석 자료가 눈에 띄었다. 그런데 영 생소한 이름이라 이 회사에 대해 아는 정보가 하나도 없다. 이럴 때는 금융감독원 전자공시시스템을 활용해 이 회사에 대한 세부 정보를 알아볼 수 있다.

'정기 공시' 항목에는 정기적으로 기업의 주요한 사업 관련 보고서를 올린다. 정기 공시 중에서 '사업보고서(혹은 반기/분기보고서)'를 선택해보자. 사업보고서에는 회사의 사업 내용, 연혁 같은 기본 정보와 매출, 손익 등 재무제표 정보가 포함돼 있다.

좌측 메뉴는 사업보고서의 세부 목차다. 회사 개요와 사업 내용을 선택했더

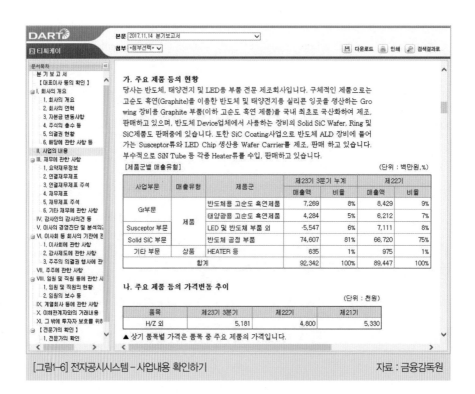

[그림1-6] 전자공시시스템 – 사업내용 확인하기   자료 : 금융감독원

니 이 회사 및 자회사가 영위하는 목적 사업에 관한 정보가 나온다. 고순도 흑연 제품과 반도체 관련 부품을 생산하는 회사라는 것을 알 수 있다. 이 보고서 하나만으로도 회사의 웬만한 정보를 앉은 자리에서 손쉽게 얻을 수 있다.

이처럼 전자공시시스템은 금융감독원이라는 정부 기관이 일정한 양식에 맞춘 형태로 사안에 따라 기업체의 정보를 투명하게 공개하도록 강제하는 시스템이다. 그래서 다른 어떤 투자 관련 사설 업체나 인터넷 서비스보다 공신력 있고 정확한 정보를 체계적으로 얻을 수 있다.

놓치기 쉬운 정보,
최근 동향이나 풍문(소문)도 확인해야

[그림1-7]은 셀트리온 제약의 시황이 변동하자(주가 급등) 금융감독원이 공시를 통해 중요 공시 사항 유무를 밝힐 것을 요구했고, 이에 셀트리온이 '해당 사항 없음'이라고 답변한 수시 공시 사례다. 이 회사는 2018년 1월 초 7만 원대를 밑돌던 주가가 불과 사흘 만에 11만 원대를 돌파하면서 급등했다. 이에 공시를 요구받은 이 회사는 특별히 주가가 급등할 만한 사항이 없다고 공식적으로 밝혔다. 공시가 나가자 다음날 주가는 10만 원까지 급락했다.

결국 특별한 호재 없이 소문과 투자 심리 과열 내지 일부 세력의 시세 조정으로 인한 단기 급등이었던 것이다. 이처럼 소문이나 시세 조정에 의한 가격 변동에 현혹되기보다 이런 수시 공시를 꼼꼼하게 챙겨서 정확하고 검증된 정보를 활용하는 편이 바람직하다.

조회건수 15 ∨			접수일자 ▼	회사명 ▼	보고서명 ▼
번호	공시대상회사	보고서명	제출인	접수일자	비고
1	코 셀트리온제약	조회공시요구(현저한시황변동)에대한답변(중요정 보없음)	셀트리온제약	2018.01.16	코
2	코 셀트리온제약	조회공시요구(현저한시황변동)(주가급등)	코스닥시장본부	2018.01.15	코
3	코 셀트리온제약	임원·주요주주특정증권등소유상황보고서	최은석	2018.01.15	
4	코 셀트리온제약	배당락(주식배당)	코스닥시장본부	2017.12.26	코
5	코 셀트리온제약	주식배당결정	셀트리온제약	2017.12.20	코
6	코 셀트리온제약	주식명의개서정지(주주명부폐쇄)	셀트리온제약	2017.12.14	코
7	코 셀트리온제약	조회공시요구(현저한시황변동)에대한답변(중요정 보없음)	셀트리온제약	2017.11.20	코

조회공시 요구(현저한시황변동)에 대한 답변(중요정보 없음)

1. 제목		최근의 현저한 시황변동(주가급등)과 관련한 조회공시에 대한 답변
2. 답변내용		당사는 한국거래소의 조회공시 요구(2018.01.15)와 관련하여 코스닥시장 공시규정 제6조 제1항 각호에 해당하는 사항의 유무 또는 검토중 여부 및 이로 인한 주가 및 거래량에 대한 영향을 신중히 검토하였으며, 위 규정에 의거 최근의 현저한 시황변동(주가급등)과 관련하여 공시할 중요한 정보가 없습니다. - (주)셀트리온제약 공시책임자 : 전무 이병률 - 본 공시는 한국거래소의 조회공시요구 (2018.01.15)에 대한 답변입니다
3. 조회공시요구일		2018-01-15
4. 조회공시답변일		2018-01-16
5. 재공시 기한	기한	-
	사유	-

[그림1-7] 현저한 시황 변동에 대한 수시공시 사례　　　　　　　　자료 : 금융감독원

기업의 모든 정보를 담고 있는
종합 선물 세트 – 사업보고서

전문가도 아닌 일반인이 수십에서 수백 페이지에 이르는 방대한 사업보고서를 꼼꼼히 챙겨본다는 게 그리 호락호락한 일은 아니다. 그렇지만 '피' 같은 소중한 돈을 투자하면서 회사의 A에서 Z까지 거의 모든 정보가 담겨 있는 사업보고서를 간과한다는 것은 주식 투자자의 직무 유기에 해당한다. 직무 유기를 해놓고 나중에 뒤통수 맞았다고 징징거려봐야 아무도 동정해주지 않고 스스로에게도 떳떳하지 못하다. 처음에는 버거운 듯해도 읽다 보면 외국어도 아니고, 수학공식도 아니기에 감은 오기 마련이다.

사업보고서는
회사의 모든 것을 들여다 볼 수 있는 현미경

[표1-3] 사업보고서 항목과 세부내용

사업보고서 항목	세부내용
회사의 개요	회사개요, 연혁, 자본금 변동사항. 주식의 총수, 의결권 현황, 배당에 관한 사항 등
사업의 내용	사업개요, 주요제품(서비스), 시장상황, 시장점유율, 생산설비, 가동률, 매출실적, 판매전략(경로), 주요계약(수주상황), 연구개발실적 등
재무에 관한 사항	요약(연결)재무정보, *한국채택국제회계기준(K-IFRS) 준비계획 및 추진상황 등
감사인의 감사의견 등	감사인 및 내부통제에 관한 사항 등
이사의 경영진단 및 분석의견	예측정보에 대한 주의사항, 개요, 재무상태 및 영업실적, 유동성 및 자금조달과 지출, 그밖에 투자의사결정에 필요한 사항
이사회 등 회사의 기관 및 계열회사에 관한 사항	이사회, 감사제도, 주주의 의결권행사에 관한 사항, 계열회사의 현황 등
주주에 관한 사항	최대주주 및 특수관계인의 주식소유, 주식의 분포, 소액주주 현황, 주가 및 주식거래 실적 등
임원 및 직원 등에 관한 사항	임원 및 직원의 현황, 임원의 보수 등
이해관계자와의 거래 내용	대주주 등에 대한 신용공여, 대주주와의 영업거래, 대주주 이외의 이해관계자와의 거래 등
그밖에 투자자 보호를 위하여 필요한 사항	주주총회의사록 요약, 채무보증, 제재사항 등
재무제표 등	대차대조표, 손익계산서, 이익잉여금처분계산서, 자본변동표, 현금흐름표 등
부속명세서	기타 부속명세서 등
전문가의 학인	전문가의 확인, 전문가와의 이해관계 등

한국거래소에 상장된 모든 회사는 연간, 반기, 분기별로 사업보고서를 제출해야 한다.

[표1-3]에서 보듯이 언제, 누가 설립해서, 어떤 역사가 있는지, 어떤 사업을 하고, 무슨 제품(서비스)을 만들어내고, 매출 실적이나 시장점유율은 어떤지, 얼마를 벌고 비용을 제외한 손익 등 회사 살림살이는 어떤지, 누가 얼마나 많은 회사 주식을 보유했는지, 주요 임직원은 누구이고 급여 수준은 어떤지 등등 알토란 같은 정보가 모두 담겨 있다.

가장 먼저 살펴봐야 하는 부분은 실적이다. 분기나 반기 보고서에도 나오지만 연간 사업보고서는 한 해의 실적을 정리한 것이라 의미가 크다. 또한 해당 사업 연도뿐 아니라 3년 이상의 실적이 정리돼 있어 최근 상황을 파악할 수 있다.

여기에 재무제표를 통해 매출이나 손익 같은 실적과 부채 비율과 현금 흐름 같은 안정성을 파악하고, 투자 및 연구 활동이나 기술 개발, 시장 전망, 점유율 등으로 장래성을 예상해서 투자 여부를 판단할 수 있다.

투자 판단 여부를 확인할 수 있는, 자금에 관한 모든 것: 재무제표

재무제표는 회사의 살림살이를 회계 장부로 정리한 표다. 일반적으로 대차대조표, 손익계산서, 현금흐름표가 가장 중요하고 또 많이 활용되고 있다.

대차대조표는 회사의 재산 상황을 자산과 부채, 그리고 자본으로 구분해서 정리한 표다. 자산은 회사의 모든 재산을 합친 것을 의미한다. 여기에는 공장 설비, 토지, 주식, 현금 등이 있고 현금화하기 쉬운 정도에 따라서 유동자산과 고정자산으로 나눈다. 부채는 남에게서 빌린 돈을, 자본은 자기 돈을 말한다. 부채가 많으면 빚이 많다는 뜻이므로 당연히 안정성 면에서 좋지 않다고 볼 수 있다. 반면에 주식을 공모해서 주주로부터 돈을 모으면 회사의 자기 자본이 된다.

손익계산서는 매출액에서 각종 세금과 이자 비용, 경비 등을 제외한 손익이 어떻게 되는지 정리한 표다. 매출액이 많아도 이익이 나지 않으면 실속 없는 '헛장사'를 한 셈이다. 그래서 무조건 매출액만 많은 것보다 수익을 많이 남기는 쪽이 알찬 회사다.

그런데 여기서 잘 살펴봐야 하는 것이 주당손익이다. 회사 규모가 커서 매출액과 수익이 많이 났지만 주식 수도 많아서 수익을 주식수로 나눈 주당수익이 낮다면 주주 입장에서는 매력이 떨어진다. 반면에 매출이나 수익 규모는 작아도 주당수익이 높다는 것은 투자된 자본금 대비 실적이 좋다는 것을 의미한다. 주주 입장에서는 작아도 알짜배기 회사인 셈이다.

현금흐름표는 말 그대로 현금의 흐름, 즉 유동성에 관한 표다. 나가는 것보다 들어오는 현금이 많아서 회사에 쌓이면 유동성 면에서 안정적이다. 반면에 피가 잘 안 통하면 동맥경화에 걸리듯이 영업 활동이 원활해도 자금 흐름이 막히면 소위 말하는 '흑자도산'을 하게 된다. 장사는 잘되는데 당장 외상대금 갚을 돈이 없어서 망하는 것이다.

그래서 대차대조표나 손익계산서만 보면 잘나갈 것 같은 회사라도 현금흐름표의 현금 상황이 나쁘면 단기적으로는 유동성 위기에 처해 주가가 폭락할 수 있다.

기업의 재무 상황을 한눈에 알 수 있는
요약재무제표

대차대조표로 회사의 재산 상황을, 손익계산서로 기업 활동의 실속을, 현금흐름표로 자금의 원활한 흐름을 파악할 수 있는데 이들을 일반인이 일일이 분석하기는 버겁다. 이럴 때 간단하게 참조할 수 있는 것이 바로 요약재무제표다. 각종 재무제표의 핵심 내용을 하나의 표에 모아 놓았기에 한눈에 회사의 '성적표'를 확인하고 투자 여부를 판단할 수 있다.

[그림1-8]은 최근 3기(연간보고서의 경우 3개년)에 걸쳐 요약한 재무 정보에 관한 표다. 자산, 부채, 자본, 실적과 손익 등 회사의 모든 상황을 수치로 확인할 수 있다. 요약재무제표를 보면 이 회사는 최근 3년간 자산과 손익은 꾸준하게 증가하고 있는 반면 부채는 줄어들고 있는 것을 알 수 있다. 특히 주당이익도 꾸준하게 늘어나고 있어서 주주 입장에서는 매력적이다. 일단 자금 면에서만 보면 투자 유망 종목으로 관심을 가질 만한 종목이라 할 수 있다.

이처럼 요약재무제표는 회사의 기업 활동을 A부터 Z까지 수치화해서 한 페이지로 요약했기 때문에 기업의 과거와 현재를 쉽게 확인할 수 있다.

나. 요약재무정보

(단위: 원)

구 분	제26기	제25기	제24기
[유동자산]	1,077,422,642,984	945,520,442,069	697,541,088,843
· 현금및현금성자산	257,604,838,606	139,618,110,564	105,159,675,191
· 단기금융자산	5,450,335,000	5,285,720,000	9,745,800,000
· 매출채권	678,463,204,095	619,156,091,337	338,875,237,112
· 기타수취채권	3,864,647,697	7,202,924,843	72,509,340,199
· 재고자산	113,938,102,785	159,133,117,074	146,541,689,186
· 기타유동자산	18,101,514,801	15,124,478,251	24,709,347,155
[비유동자산]	1,721,361,807,381	1,572,197,031,724	1,401,156,159,835
· 장기금융자산	14,009,673,161	145,952,251,601	30,498,028,934
· 장기기타수취채권	7,053,707,465	7,298,897,743	6,873,109,460
· 종속기업및관계기업투자	262,117,281,283	101,404,513,198	96,235,913,198
· 유형자산	649,440,392,764	670,227,976,237	691,753,922,481
· 무형자산	779,010,897,846	639,928,770,823	567,704,461,594
· 투자부동산	6,336,536,303	6,546,199,655	6,773,599,747
· 기타비유동자산	3,393,318,559	838,422,467	1,317,124,421
자산총계	2,798,784,450,365	2,517,717,473,793	2,098,697,248,678
[유동부채]	524,271,608,642	607,475,186,435	423,054,493,491
[비유동부채]	125,584,949,957	158,497,611,287	416,234,672,546
부채총계	649,856,558,599	765,972,797,722	839,289,166,037
[자본금]	116,598,327,000	112,431,663,000	103,569,771,000
[주식발행초과금]	729,423,471,164	647,186,388,630	374,601,628,348
[이익잉여금]	1,276,570,444,628	1,058,486,112,455	861,586,531,463
[기타포괄손익누계액]	3,024,273,130	6,158,904,455	1,390,466,146
[기타자본항목]	23,311,375,844	△72,518,392,469	△81,740,314,316
자본총계	2,148,927,891,766	1,751,744,676,071	1,259,408,082,641
종속 · 관계 · 공동기업 투자주식의 평가방법	원가법	원가법	원가법
매출액	577,574,961,774	528,784,432,676	404,621,867,934
영업이익	252,691,405,375	254,129,599,657	195,764,018,071
법인세비용차감전순이익	269,621,817,235	223,177,638,969	162,201,484,097
당기순이익	221,412,682,173	202,004,863,992	128,060,383,547
· 기본주당이익	1,909	1,792	1,167

자산관련 요약정보 ◀

부채관련 요약정보 ◀

자본관련 요약정보 ◀

실적 (매출·손익) 관련 요약정보 ◀

[그림1-8] 기업의 살림살이를 한눈에 보여주는 요약재무제표   자료 : 금융감독원

다른 종목과 비교를 위한 성적표 – ROE/PBR/PER

회사의 각종 재무제표를 분석하면 기업의 상태를 파악할 수 있다. 그런데 중요한 것은 다른 기업과 비교해 봐야 한다는 것이다. 비교해 봐서 어느 정도나 좋고 나쁜지 명확하게 구분할 수 있어야 투자 유무를 판단할 수 있다. 즉, 동일한 기준으로 분석한 지표를 가지고 마치 성적표를 비교하듯이 순위를 매길 수 있다면 기업의 좋고 나쁨의 정도를 상세하게 알 수 있다. 이럴 때 필요한 지표가 바로 자기자본이익률(ROE), 주가순자산비율(PBR), 주가수익비율(PER)이다.

투자 자금 대비 이익의 수준을 알 수 있는
자기자본이익률(ROE)

1억 원을 투자해서 사업을 시작했다고 하자. 사무실 임대료와 인건비, 기타 경비 등을 제한 순이익이 연간 300만 원 남았다면 투자 자금 대비 연간 수익이 3퍼센트다. 이럴 경우 차라리 회사를 접고 은행에 예금을 맡기고서 편하게 놀고 먹는 게 나을 수도 있다. 반면에 연간 3000만 원이 남았다면 수익률이 30퍼센트다. 투자 자금 대비 수익이 매우 짭짤하다. 이런 사업이라면 주변에 돈을 투자하겠다는 사람들이 줄을 설 것이다. 이게 바로 자기자본이익률(ROE, Return On Equity)의 개념이다.

> 자기자본이익률(ROE) = 당기순이익÷자기자본
> * 비율이 높을수록 좋음

기업은 주주가 출자한 자본금으로 사업해서 각종 비용을 제한 순이익을 남긴다. 이 순이익을 자본금으로 나누면 투자 자금 대비 이익률이 나온다. 어떤 회사의 자기자본이익률이 시중금리 수준인 3~5퍼센트 정도에도 미치지 못한다면 '헛장사'를 하고 있는 셈이다. 반면에 이 비율이 높으면 회사는 자본을 활용해서 '가치 창출'을 잘하고 있다고 볼 수 있다. 자기자본이익률이 높으면 투자자가 기업에 매력을 느끼고 투자에 나설 것이고 주가도 자연스럽게 상승한다.

그래서 자기자본이익률은 주주 입장에서 회사에 투자된 자금의 수익 정도를 측정하는 지표다. 이 수치는 최소한 정기예금 금리 이상은 돼야 가치가 있다고 본다.

기업의 청산 가치와 주가와의 상관관계를 나타내는 주가순자산비율(PBR)

A씨의 집은 시세가 1억 원이다. 자산 가치가 1억 원인 셈이다. 그런데 돈이 필요해서 대출을 신청했더니 은행은 집을 담보로 가치의 50퍼센트인 5000만 원만 대출해줬다. 부동산 가격이 하락하는 최악의 경우라도 은행은 손해를 보지 않으려고 절반 정도의 가치만 인정하는 것이다.

기업의 회계 장부인 대차대조표 중 자산에서 부채를 차감한 순자산을 전체 주식수로 나누면 회사가 청산될 때 주주에게 돌아갈 수 있는 1주당 자산 가치가 나온다. 즉, 회사가 망해서 문을 닫는다면 주식을 보유한 주주에게 투자 자금 회수 차원에서 나누어 줄 수 있는 자산을 말한다.

> 주가순자산비율(PBR) = 주가÷1주당 자산 가치
> * 높을수록 고평가(거품)되어 있음

주가순자산비율(PBR, Price on Book-value Ratio)은 주가를 1주당의 자산 가치로 나눈 것으로 현재 주가가 자산 가치에 비해 몇 배로 거래되고 있는지를 측정하는 재무 지표다.

은행은 1채에 1억 원하는 아파트의 순자산 가치의 2분의 1(대출금 5000만 원/순자산 가치 1억 원 = 0.5)의 대출을 해줬다. 담보로 잡은 아파트가 경매로 시가보다 낮게 팔려도 손해 보지 않고 대출금을 회수할 수 있어서 자산 가치 대비 안정적인 투자다.

주가순자산비율이 높을수록 회사의 청산 가치에 비해 주가가 높게 형성돼 있는 것이므로 안정성 면에서는 위험성을 내포하고 있다고 볼 수 있다.

그러나 이 지표를 아무 업종, 종목에나 맹목적으로 적용했다가는 오류를 범할 수 있는 여지가 있다. 왜냐하면 각종 설비가 많이 들어가는 제조업에 비해 고정 자산이 상대적으로 적은 서비스나 소프트웨어 개발 관련 업종은 순자산 가치가 낮게 나온다. 그래서 이런 업종은 주가순자산비율의 수치가 높게 나올 여지가 많기 때문에 주가가 고평가되었다고 왜곡된 판단을 할 수 있다. 반면에 업무상 상관 없는 부동산이나 악성 재고가 과도하게 많을 경우는 자산이 많게 잡히기 때문에 주가순자산비율이 상대적으로 낮게 나타나 저평가됐다고 잘못 판단할 수도 있다.

그래서 주가순자산비율(PBR)은 매출이나 손익과 관련된 기업 활동 본연의 성적표를 나타내주는 지표와 같이 대조해보고 판단해야 정확성을 높일 수 있다.

주가의 고(저)평가 여부를 판단할 수 있는
주가수익비율(PER)

(A) 마늘 까는 기계의 가격은 10원이고 마늘을 까서 팔면 하나에 1원이 남는다.
(B) 밤 까는 기계의 가격은 200원이고 밤을 까서 팔면 하나에 2원이 남는다.

(A)와 (B)중 어느 기계를 사서 사업하는 것이 좋을까? 얼핏 보면 밤을 까면 마늘에 비해 두 배를 받을 수 있으므로 밤 까는 사업(B)을 하는 쪽이 유리할 것 같아 보인다. 하지만 꼼꼼하게 따져보면 오히려 마늘 까는 사업이 훨씬 투자효율성이 좋다.

왜냐하면 한 개당 판매 이익은 밤 까는 장사가 좋지만 기계 값이 비싼 것이 문제다. 한 개당 이익은 두 배 차이밖에 나지 않는데 비해 기계 값은 20배나 비싸다. 즉, 한 개당 이익 차이에 비해 기계 가격 차이가 훨씬 심하기에 마늘 까는 기계를 사서 사업하는 쪽이 투자 대비 효과가 훨씬 좋다.

기업이 1년간 기업 활동을 통해 벌어들인 이익에서 각종 비용 등을 공제하면 당기순이익이 나온다. 이것을 발행된 주식수로 나누면 주당순이익(EPS, Earning Per Share)이 나오는데 현재의 주가를 이 주당순이익으로 나누면 주가수익비율(PER, Price Earning Ratio)이 산출된다.

주가수익비율(PER) = 주가 ÷ 주당순이익(EPS)
* 낮을수록 저평가 돼 있음

마늘 까는 기계의 가격 10원(주가)을 마늘 하나당의 수익 1원(EPS)으로 나눈 것이 바로 주가수익비율(PER)이다. 그래서 마늘 까는 사업은 10÷1=10이고 밤 까는 사업의 주가수익비율는 200÷2 = 100이다. 결국 주가수익비율이 100인 밤 까는 장사보다 10인 마늘 까는 장사가 훨씬 짭짤한 투자 대상인 것이다.

주가수익비율이란 기업이 영업을 해서 남긴 순이익을 주식수로 나누어서 한 주당 이익을 얼마나 남기는지 계산한 다음 그 수치를 현재 주가와 비교해 보는 것이다. 1주당 이익에 비해 주가가 높으면 주가수익비율의 수치는 높아지고 반대로 1주당 이익에 비해 주가가 낮으면 주가수익비율이 낮아진다. 주가수익비율이의 수치가 높으면 기업이 영업 활동으로 벌어들인 이익에 비해 주가가 높게 고평가(거품)됐다는 것이며, 반대로 낮으면 이익에 비해 주가가 저평가돼 있으므로 향후 주가 상승이 예상된다는 뜻이다.

그래서 주가수익비율이 낮은 종목이 좋은 투자 대상이라고 볼 수 있다. IMF 이후 외국인 투자자가 본격적으로 우리나라 증시에 진출하면서 대두되기 시작해 한때 엄청나게 각광받던 지표다.

그런데 주가수익비율을 분석할 때 주의할 점이 있다. 성장 업종이냐 사양 내지 정체 업종이냐에 따라 평균 주가수익비율이 다르기 때문에 업종 평균과 해당 종목의 수치를 비교해봐야 한다. 그리고 간혹 주가수익비율의 수치가 채 1도 되지 않게 낮은 종목도 있다. 이럴 경우 상당수는 채권단이 부실 기업의 채무를 면제해 주거나 부채 자본을 전환해주어서 주당순이익이 급증하고 이에 따라 주가수익비율이 크게 낮아진 것이다.

그래서 심하면 PER 수치가 1 내외가 되기도 하는데 이런 것은 장부상 정산에 의한 착시 현상이므로 유의해야 한다. 그래서 주가수익비율이 너무 낮다고 판단된다면 무조건 저평가됐다고 평가하지 말고 다른 지표와 병행해서 그 내용을 꼼꼼히 비교해봐야 한다.

chapter 03

심리분석+계량분석 –
변화무쌍한 금융시장 최적의 매매 시그널

주가를 움직이는 것은
사람의 심리

한 번 상승하기 시작하면 한없이 오를 것처럼 보이고, 반대로 하락하기 시작하면 끝도 없이 폭락할 것 같은 것이 주가다. 이런 증권 시장을 움직이는 요소는 수없이 많다. 물가, 금리, 기업 실적 같은 경기 관련 요소 외에도, 정치, 국제 정세, 천재지변 등등. 이렇게 많은 정보를 이해하고 판단하는 기준이 사람마다 다르기 때문에 주가는 수많은 변수의 변화무쌍한 조합으로 움직인다. 그래서 아무도 주가를 알아맞히는 공식을 알아낼 수 없다.

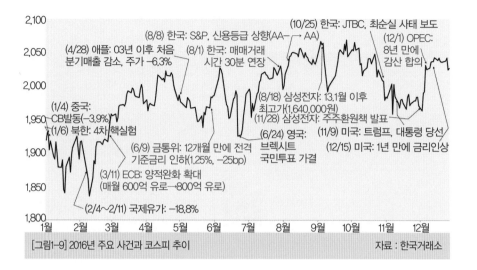

[그림1-9] 2016년 주요 사건과 코스피 추이   자료 : 한국거래소

Chart annotations:
- (4/28) 애플: 03년 이후 처음 분기매출 감소, 주가 −6.3%
- (8/8) 한국: S&P, 신용등급 상향(AA−→AA)
- (8/1) 한국: 매매거래 시간 30분 연장
- (10/25) 한국: JTBC, 최순실 사태 보도
- (12/1) OPEC: 8년 만에 감산 합의
- (1/4) 중국: CB발동(−3.9%)
- (1/6) 북한: 4차 핵실험
- (8/18) 삼성전자: 13.1월 이후 최고가(1,640,000원)
- (11/28) 삼성전자: 주주환원책 발표
- (6/9) 금통위: 12개월 만에 전격 기준금리 인하(1.25%, −25bp)
- (6/24) 영국: 브렉시트 국민투표 가결
- (11/9) 미국: 트럼프, 대통령 당선
- (12/15) 미국: 1년 만에 금리인상
- (3/11) ECB: 양적완화 확대 (매월 600억 유로→800억 유로)
- (2/4~2/11) 국제유가: −18.8%

주식 시장에 가장 큰 영향을 미치는 것은
사람의 심리

[그림1-9]은 2016년 한 해 동안 일어난 주요 사건과 코스피지수의 움직임을 분석한 자료다. 북한의 핵실험, 국제 유가 하락, 미국 금리 인하, 한국 신용등급 상향, 영국 브렉시트 국민투표 가결, 최순실 사태 보도, 미국 트럼프 대통령 당선 등 악재나 호재로 볼 수 있는 사안이 발생해도 주가는 자기 갈 길을 가고 있다. 악재가 발생해도 주가는 사람들의 공포 심리를 딛고 금세 회복세로 돌아서기도 한다.

열 길 물속은 알아도 한 길 사람 속은 모른다고?
한 뼘의 주가는 더 알 수 없다

또한 미국과 우리의 금리 변동과 기타 증시를 둘러싼 변수가 발생해도 지수는 전문가의 예측을 비웃으며 제각기 다른 움직임을 보인다. 동일한 상항, 비슷한 변수에도 사람의 심리는 그때그때 다르게 반응하기에 지수의 움직임도 종잡을 수 없이 제 맘대로 널뛴다. 그래서 주가의 움직임을 랜덤워크(Random Walk)라고 한다. 마치 술 취한 사람이 어디로 비틀대며 걸을지 모르는 것과 같다는 의미다. 주가는 인간의 가장 본능적인 심리인 탐욕과 공포를 비웃으며 자기 마음대로 움직이는 심리전의 대가다.

똑같은 상황과 현상을 보고도 사람의 심리는 다르게 작용하고 다른 판단을 하기 때문에 누구는 사고, 누구는 팔면서 주식 시장은 묘한 균형을 이룬 채 굴러간다. 만약에 모든 사람이 똑같은 심리로 대응한다면 주식시장에서 거래 자체가 이루어지지 않을 것이다.

02

급등락의 원인은 시황과 실적
그리고 투자 심리

주식 시장은 항상 다양한 이유로 상승하거나 하락하기도 하고, 큰 변동성 없이 작은 등락을 거듭하면서 횡보하기도 한다. 잔잔한 호수와 같은 모습을 보여주다가 어느 날 갑자기 바닥을 알 수 없게 폭락하기도 하고 반대로 마치 천장을 뚫고 나갈 듯이 급등하기도 한다.

도대체 주가는 왜 이렇게 요동치는 것일까?

주가가 급등락하는 가장 중요한 요인은 사람의 심리다. 그렇다면 그런 심리를 조성하는 직접적인 원인은 무엇이 있을까? 우리나라 증시 및 개별 종목의 급등락을 유발하는 주요 원인은 무엇일까?

개별 종목의 급등락 원인은
해당 기업 변수와 시황

우리나라 증시 전체가 급등락하는 데에 대외적인 변수가 많은 영향을 주는 반면에 개별 종목의 주가가 급등락을 하는 경우는 조금 다른 양상의 원인에서 영향을 받고 있다.

유가증권시장의 시가총액 상위 50개 종목의 주가 급등락 원인을 살펴보면, [그림1-10]에서 보듯이 미국의 금리 변동이나 유가, 기타 국내외 뉴스 등 증시 전체에 영향을 주는 시황과 관련된 뉴스가 원인인 경우가 39퍼센트, 기타가 21.6퍼센트, 해당 종목의 실적과 관련된 내용이 17.8퍼센트, 인수 합병이나 경영권 분쟁 등에 관련된 요인이 13.1퍼센트, 증권사의 종목 분석 의견이 8.5퍼센트 순으로 나타났다.

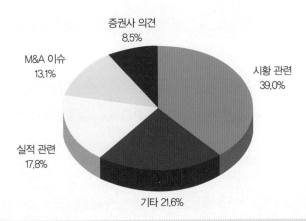

증권사 의견
8.5%

M&A 이슈
13.1%

시황 관련
39.0%

실적 관련
17.8%

기타 21.6%

[그림1-10] 시가총액 상위 50종목의 주가 급등락 사유(유가증권시장)   자료 : 한국거래소

이런 점을 보면 개별 기업의 주가가 급등락하는 주된 요인은 증시 전체에 영향을 미치는, 시황과 관련된 원인이지만, 그 외에 해당 기업의 실적, 인수 합병과 관련된 이슈, 증권사의 분석 의견 등 개별 기업과 직접 관련된 이유를 합하면 약 40퍼센트에 이르고 있음을 알 수 있다.

결국 개별 기업의 주가 급등락은 증시 전체의 분위기를 반영하기도 하지만 해당 기업의 역량이나 상황에 따라 급등락한다.

증시를 움직이는
가장 큰 변수는 사람의 심리

증권 시장을 움직이는 변수는 매우 많다. 증시는 환율, 금리, 기업의 실적 같은 경제적 변수들 외에도 정치, 국제 정세, 천재지변 등등 수많은 사건 사고와 쏟아지는 뉴스에 시시각각으로 영향을 받는다. 그런데 거기에 증시를 움직이는 가장 중요하면서 예측 불허의 변수가 하나 더 추가되면 주가는 그야말로 춘추전국시대 같은 상황이 돼버린다. 그것은 바로 사람, 즉 인간의 심리인데 이는 증시를 움직이는 가장 중요한 요소로 작용한다. 왜냐하면 주식은 증권 거래소와 증권 회사 같은 거래 시스템을 통해 거래되지만 주식 시장에 참여하는 주체는 개인이나 기관, 외국인이라 할지라도 결국 모두 사람이기 때문이다. 주식 시장을 움직이는 가장 중요한 변수는 바로 사람의 심리다.

똑같은 영화를 보거나 음악을 들어도 평이 다르듯이 증시와 관련된 똑같은 상황과 정보를 접해도 그것을 이해하고 판단하는 기준은 사람마다 다르다.

그래서 주가는 사람의 심리를 포함한 수많은 변수의 변화무쌍한 조합으로 움직이며 그 누구도 수학공식의 답을 찾듯이 명확히 알아 맞출 수 없는 것이다.

그리고 사람의 심리라는 것도 얼핏 보면 이성적이고 합리적인 듯하지만 주식 시장에 참여하는 사람들의 이면에는 '돈'이라는 욕망이 자리잡고 있기 때문에 탐욕과 공포라는 비이성적인 정서에 휘둘리기 마련이다. 그래서 주가가 절묘하게 사람들의 판단을 비켜나가는 일이 비일비재하게 일어난다. 이러한 예는 전 세계적으로 수많은 역사를 통해서 검증되었고 비슷한 양상으로 계속 반복되기도 한다.

모두가 축배의 잔을 돌릴 때
주가는 독이 든 잔을 준비한다

과거의 대표적인 예를 들어보면, 1999년에 우리나라 증시가 전 세계적인 IT 붐 덕분에 뜨겁게 달아오른 시기를 말할 수 있다. 연일 언론에서는 종합주가지수가 2000을 간다느니 하면서 어디를 가도 주식에 관한 이야기가 넘쳐흘렀으며 아무 주식이나 사기만 하면 끝도 없이 상승해서 떼 부자가 될 것 같은 분위기가 팽배했다.

그렇지만 주가는 수많은 전문가의 예측과 순진한 투자자의 꿈을 무참하게 짓밟으며 2000년에 들어서자 끝없는 하락을 시작했다. 이때도 대부분 일시적인 하락이라느니 잠시 숨 고르기를 한 후에 오히려 전보다 더 강하게 상승한다느니 하면서 스스로에게 최면을 걸고 밑 빠진 독에 물 붓기 하듯 계속해서 주식에 돈을 퍼다 부었다. 그러나 그러한 기대와 예측을 비웃기라도 하듯이 주가는 수많은 사람들의 꿈과 재산, 삶과 가정을 물귀신처럼 송두리째 틀어 쥐고는 끝을 알 수 없는 심해의 바닥으로 끌고 들어가서 내동댕이쳐 버렸다.

결국 2000년 말에 종합주가지수는 500포인트선까지 하락했고 코스닥지수는 무려 6분의 1토막이 나버렸다. 모두 대박의 꿈에 들떠서 탐욕에 눈이 멀어 있던 바로 그 순간에 수많은 사람을 파멸의 구렁텅이로 몰아 넣을 비극이 이미 시작돼 있었던 것이다.

모두들 엄동설한으로 떨 때
주가는 봄의 새싹을 틔운다

이와는 정반대로 2001년 9월 11일 미국에서 9·11 테러가 발생하자 우리나라 증시는 다음날 테러의 여파로 폭락 사태가 날 것을 염려해 평소보다 늦은 정오에 개장했다. 그러나 조취에도 불구하고 개장하자마자 증시가 너무 하락할 경우 거래를 잠시 중단시키는 '서킷브레이커(Circuit Breakers)'가 발동됐고 종합주가지수는 전날보다 64.97포인트(12.02퍼센트)나 폭락한 475.60으로 마감했다.

3차 대전이라도 터질 것 같은 분위기에 주눅이 든 투자자가 모두 투매에 나서는 바람에 증시는 폭격을 맞은 것처럼 속수무책으로 한없이 하락했다. 이후에도 투자자는 공포에 사로잡혀서 연일 투매를 하고 주가 전광판은 온통 하한가로 도배됐다. 전문가들은 앞으로 주가는 도저히 상승할 수 없다는 비관론을 내놓기도 했다.

그렇지만 그 이후 주가는 사람들의 예상을 비웃기나 하듯이 계속 상승해서 불과 몇 달 만인 2002년 4월 17일에 종합주가지수 930을 돌파했다. 공포에 사로잡힌 사람들의 외면 탓에 세찬 눈보라만 몰아치던 황무지 같은 증시에서도 주가라는 녀석은 살아 있는 생명체처럼 대세상승이라는 찬란한 봄날의 새싹을 이미 틔우고 있었던 것이다.

이런 식의 공포와 탐욕에 의한 주가 급등과 폭락은 '서브프라임' 사태로 촉발된 2008년의 글로벌 금융위기 때도 비슷한 양상으로 전개되면서 반복됐다.

증시 폭락에도 사상 최고치 갱신 종목은 있고
폭등에도 사상 최저치 갱신 종목은 나온다

9·11 테러가 발생한 다음 날 모든 종목이 하락했을까? 정답은 '아니!'다. 대부분의 사람들이 공포와 탐욕이라는 비이성적인 심리 상태에 빠져 투매할 때 이들과 반대로 판단해서 투자의 기회를 발견하는 사람도 있다는 것을 알아야 한다. 테러 여파의 공포 분위기 속에서도 당시 유가증권시장과 코스닥의 1500여 개가 넘는 종목 중 37종목은 오히려 상승했다. 세계적인 정세 불안과 경기 위축이 우려되는 상황에서 오히려 그러한 분위기 덕분에 반사 이익을 보는 방위 산업이나 방재 산업과 관련된 종목에 투자하면 좋을 것이라고 판단한 사람들이 있어서 관련 종목이 상승한 것이다.

이성에 의한 투자 기법 발전,
하지만 감정은 조절할 수 없는 인간의 본질

위에서 설명한 것처럼 똑같은 상황과 현상을 보고도 사람의 심리는 다르게 작용하고 다른 판단을 한다. 이러한 사람들의 심리 차이 때문에 주식 시장은 묘한 균형을 이루면서 굴러간다. 그런 점에서 주식 투자로 성공하려는 사람은 어떤 복잡한 분석이나 어려운 용어를 공부하기보다 사람의 심리를 파악하고 자신의 마음을 잘 다스리는 편이 훨씬 나을 수 있다.

'마음을 비우니 세상이 보인다'라는 말이 있다.

이 말은 우리가 인생에서 귀담아 두어야 할 소중한 지침이기도 하다. 주식 투자로 성공하려면 이 말을 새겨듣고 먼저 욕심을 버려야 할 것이다. 욕심을 버리면 공포에서도 자유로울 수 있는 것이고 주식 투자의 길이 보이게 된다. 주식 투자는 결국 다른 사람들을 물리쳐야 하는 싸움이 아니라 탐욕과 공포를 이겨내야 하는 나와의 승부인 것이다.

안정성 · 성장성 · 수익성의
3차원 분석과 투자심리

앞에서 언급한 것처럼 사업보고서와 각종 재무제표를 가지고 기업을 분석 · 평가할 수 있다. 그런데 이들 분석은 주관적인 판단에 따라 결과가 다르게 나온다는 단점이 있다. 또한 회사 규모나 업종 특성이 다르기 때문에 단지 겉으로 드러나는 숫자만 가지고 상대적인 비교를 하기 쉽지 않다. 그래서 수익성, 안정성, 성장성이라는 3가지 관점에서 입체적으로 분석하는 3차원 분석이 필요하다. 거기에다 이후에 설명할, 사람의 공포와 탐욕을 역이용하는 투자 심리를 가미하면 투자 유망 종목을 판단하고 사고팔아야 할 때를 확실하게 파악할 수 있게 된다.

사업보고서에서 중요하게 체크해야 하는 내용

- 수익성: 매출, 손익 등
- 안정성: 부채 비율과 내용, 차입금 의존도, 현금 흐름과 보유액 등
- 성장성: 기술 개발, 시장 전망, 점유율 등

기업을 상대적으로 비교 평가하게 해주는
다양한 재무 비율

[표1-4] 재무 비율의 종류와 세부 내용

구분	재무비율	평가방법	투자판단 내용
안정성	자기자본비율	자기 자본/총자산	자본 구성 상태의 적정성을 알 수 있음.
	부채비율	총부채/자기 자본	비율이 높을수록 위험성이 증가됨.
	이자보상비율	영업 이익 /이자 비용	이 비율이 높으면 회사가 열심히 번 돈이 이자 비용으로 새나간다는 의미임(재주는 곰이 부리고 돈은 채권자가 버는 셈).
수익성	자기자본이익률 (ROE)	당기순이익 /자기 자본	자본의 투자효율성을 알 수 있음.
	총자산 순이익률 (ROA)	당기순이익 /총자산	전체 자산대비 투자효율성을 알 수 있음.
	매출액 경상이익률	경상이익/매출액	얼마나 실속 있게 사업을 하는지 판단할 수 있음.
성장성	총자산 증가율	총자산 증가액 /전기 총자산	전기(연간보고서의 경우 전년, 분기보고서는 전분기) 대비 자산이 증가한 비율을 의미함. 회사 기반의 성장 여부를 판단할 수 있음.
	매출액 증가율	매출액 증가액 /전기 매출액	전기대비 매출(사업)규모 확장 여부를 비교할 수 있음.
	순이익 증가율	순이익 증가액 /전기 순이익	전기대비 수익성의 증감 여부를 알 수 있음.

재무 비율은 말 그대로 비율을 가지고 회사를 비교·평가하는 도구이기 때문에 규모나 업종 특성에 따라 달라지는 외형적인 숫자에 의한 착시 현상을 줄일 수 있다. [표1-4]는 다양한 재무 비율의 종류와 세부 내용이다. 크게 안정성, 수익성, 성장성의 3개 영역으로 구분해 자본, 부채, 매출, 손익 등의 항목을 기준으로 비율을 구할 수 있다.

수치만으로는 착시를 일으킬 수도, 정확히 판단하려면 비율을 봐야

구분	매출	손익	자본	부채
A사	5000	50	50	500
B사	1000	100	10	1000
C사	500	20	100	200
D사	100	30	20	20

* 단위 : 억 원

4개 회사의 실적 및 재무 상황을 단순하게 재무재표상의 숫자만으로 비교한 기업평가의 예다. 매출은 A사가 5000억 원으로 단연 앞서고, 손익은 B사가 100억 원으로 독보적이며, 자본은 C사가 100억 원으로 가장 많고, 부채는 20억 원밖에 안 되는 D사가 가장 적다.

그렇다면 어느 회사를 투자 유망 종목으로 골라서 투자하는 것이 좋을까?

어느 종목에 투자해야 좋을지 애매한 상황이다. 4개 회사가 모두 장단점이 극명하게 드러나고 규모도 다르기 때문이다. 하지만 재무 비율로 다시 비교 평가하니 단순히 숫자만 가지고 비교할 때에 비해 훨씬 쉬워진 것을 확인할 수 있다.

구분	매출	손익	자본	부채	매출 대비 이익률	자기자본 이익률	부채비율
A사	5000	50	50	500	1%	60%	1,000%
B사	1000	100	10	1000	10%	1,000%	10,000%
C사	500	20	100	200	4%	20%	200%
D사	100	30	20	20	30%	150%	100%

앞서 매출액이 가장 컸던 A사는 매출 대비 이익률이 1퍼센트에 불과하다. 한마디로 실속이 없다. 거기다 부채 비율이 1000퍼센트에 달하므로 안정성도 떨어진다.

B사는 손익이 가장 많았는데 매출 대비 이익률도 나쁘지 않다. 하지만 자기자본 이익률이 비정상적으로 1000퍼센트나 되는 반면 부채비율은 1만 퍼센트다. 자본 안정성 면에서는 너무 불안한 상태다.

C사는 자본금이 가장 많은데 비해 매출 대비 이익률과 자기자본 대비 이익률이 너무 낮다. 자본금을 가지고 실속 없는 사업을 한다는 것을 의미하므로 투자 매력이 떨어진다.

D사는 처음에 단순 수치로 비교할 때는 부채가 가장 적다는 것 말고는 다른 장점이 눈에 띄지 않았다. 하지만 재무 비율로 비교해보니 매출 대비 이익률이 30퍼센트로 아주 '짭짤하게' 사업을 하고 있다는 것을 알 수 있다. 거기

다 자기자본 대비 이익률이 150퍼센트란 부분도 투자자 입장에서는 매력적이다. 부채 비율은 100퍼센트에 불과해 다른 회사에 비해 가장 안정적이다.

결국 투자 유망 종목은 D사다. 수익성, 안전성, 성장성 등의 종합적인 관점으로 볼 때 가장 무난하고 높은 점수를 줄 수 있기 때문이다.

그렇다면 이제 D사의 주식을 매수하면 되는 것일까? 언제 매수해야 할까? 이럴 때 필요한 것이 바로 투자 심리 분석이다. 왜냐하면 투자 유망 종목이라 하더라도 사람들의 탐욕과 공포에 영향받아서 주가가 위아래로 널뛰기 때문이다.

투자 종목 선정 후에 매매 타이밍을 잡으려면 파악해야 할 사항

- 정부의 심리(정책)에 맞서서 이기는 기업 없다. (−)정책:매도, (+)정책:매수
- 사람 심리처럼 사이클이 있는 종목과 업종, 투자 심리와 맞물려 사고 판다(실적, 신개발/혁신 주기, 계절, 유행, 시즌 행사)
- 사건 사고가 있으면 계량적인 분석보다 충동적인 투자 심리에 주목한다

아무 때나 사고파는 것이 아니라 주식 시장에 참여하는 투자자의 심리가 변동되는 사항을 분석해야 '저점매수/고점매도'라는 최적의 매매 타이밍을 포착할 수 있다. 세부적인 내용은 뒤에 나오는 주체별 '순매매 동향 교차 기법'에서 확인할 수 있다.

04
계량 분석과 심리 분석의 완벽한 조화 – 주체별 순매매 동향 교차 기법

한 번 상승하기 시작하면 한없이 오를 것처럼 보이고, 반대로 하락하기 시작하면 끝도 없이 폭락할 것 같은 것이 주가다. 이런 증권시장을 움직이는 요소는 수없이 많다. 이들 중에서 가장 큰 영향을 미치는 것은 다름 아닌 사람들의 심리다.

주식 시장에 가장 큰 영향을 미치는 것은
사람들의 심리

악재나 호재가 발생하면 제각각 다른 판단을 하는 사람들의 심리 상태가 모이고, 그에 따른 다른 투자 판단으로 주가는 매번 자기 갈 길을 간다. 국내

외의 사건 사고와 금리 변동, 실적과 경기 전망 등 증시를 둘러싼 다양한 변수에도 불구하고 주가는 전문가의 예측을 비웃으며 제각기 다른 움직임을 보인다.

그러면 왜 같은 상황에서 사람마다 다른 판단을 하는 것일까?

예를 들어보자. 물이 반이 담겨 있는 컵이 있다. 이걸 보고 누구는 '반이나 남았다', '반 밖에 안 남았다'라고 서로 상반되게 판단한다. 심지어는 같은 사람이라 해도 당시의 심리 상태에 따라 매번 다르게 판단하기도 한다. 만약에 모두 똑같이 투자 결정을 하면 시장이 성립할 수 없다. 그래서 주식 시장은 항상 변화무쌍하게 오르내리면서 사람들을 들었다 놨다 하는 것이다.

그 어떤 지표보다 단순하지만
근본이면서 효과적인 심리 분석과 순매매 동향

동일한 상황, 비슷한 변수에도 사람의 심리는 그때그때 다르게 반응하기에 지수 움직임도 종잡을 수 없이 제 맘대로 널을 뛴다. 그래서 복잡한 분석이나 어려운 용어를 공부하기보다 사람의 심리를 파악하고 자신의 마음을 잘 다스리는 편이 주식 투자에 성공하기에는 더 낫다고 말했다. 그리고 아무리 다양한 첨단 지표를 가지고 분석해도 최종 투자 판단 결정은 사람이 한다. 그렇기에 그 어떤 지표나 분석보다 '사람' 분석이 가장 본질적이고 간단하면서도 정확한 방법일 수 있다.

그렇다면 어떻게 주식 시장에 참여하는 투자자의 심리를 분석할 수 있을까? 일일이 붙들고 물어볼 수는 없는 노릇이다. 그럴 때 간단하게 활용할 수 있는 것이 바로 '순매매 동향'이다. 순매매 동향은 투자 주체별(개인, 외국인, 기관)로 어느 종목을 얼마나 사고파는지, 전체 주식 시장에서 사고파는 비중이 어떻게 되는지 등을 알려준다.

주식 시장에 참여하는 대표적인 세 가지 주체는 개인과 외국인, 그리고 기관이다. 이들 세 주체는 증시에 투자하는 형태가 매우 다르고 심지어는 정반대의 모습을 보이기도 한다. 이들은 서로 치열하게 치고받기도 하고 때로는 서로 밀고 끌면서 우리 증시를 지탱하고 이끌어가는 수레바퀴 같은, 떼려야 뗄 수 없는 역할을 수행하고 있다.

그러기에 이들 3대 주체의 순매매 동향을 보면 각 주체의 심리를 알고 투자 판단을 할 수 있으므로 이를 단순하지만 강력한 투자 지표로 삼을 수 있다.

주식시장의 인간 지표,
개인 투자자의 놀라운 '거꾸로' 실력

3대 주체의 순매매 동향으로 투자 판단을 한다? 그렇다면 도대체 누구의 매매 동향을 참조해서 투자해야 할까?

개인 투자자는 증시가 상승하면 망설이고 주저하다가 주가가 거의 고점에 이르러서야 더 이상 참지 못하고 투자의 마지막 대열에 서서 매수한다. 반대로 증시가 하락하면 '설마?' 하면서 주식을 매도하지 못하고 움켜쥐고 있다가 주가가 거의 바닥에 도달하면 그때서야 더 이상 버티지 못하고 팔아버리고

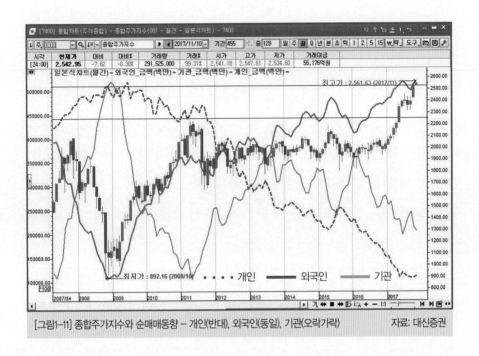

[그림1-11] 종합주가지수와 순매매동향 – 개인(반대), 외국인(동일), 기관(오락가락)　　　　자료: 대신증권

마는 매매 행태를 보여준다.

[그림1-11]은 최근 10년간 종합주가지수와 3대 주체의 순매매 동향을 분석한 자료다. 파란색 점선으로 표시된 개인의 순매매 동향을 보면 정확하게 지수 움직임과 반대로 가고 있는 것을 알 수 있다. 오를 때는 내다 팔아서 상승의 불꽃놀이를 빈 손가락 빨면서 바라보고 내릴 때는 꾸역꾸역 들어가서 매도 물량을 고스란히 받아서 바닥까지 물리고 만다(어쩌면 이렇게도 정확하게 반대로 매매하는지). 반면에 빨간색 선으로 표시된 외국인을 보자. 마치 주가이동평균선을 보는 것 같은 착각이 들만큼 주가지수 움직임과 거의 비슷하게 움직인다(괜히 돈을 퍼 담는 게 아니다). 개인과 외국인이 서로 정반대의 길을

가는 동안 기관은 원칙 없이 마치 박쥐처럼 정방향과 역방향을 오락가락하고 있다(이러니 회색분자라는 평을 듣는다).

2000년 이후 현재까지 개인이 증시에서 순매수(주식을 내다 판, 즉 매도한 금액보다 더 많이 사서 총 매수 금액이 많은 경우)한 날은 하락하고 반대일 경우는 상승하는 등 개인의 순매매 동향과 지수의 움직임이 반대로 가는 경우가 65퍼센트에 달했다. 개인이 열심히 주식을 사는 날은 코스피지수가 하락하고 반대로 주식을 파는 날에는 코스피지수가 오히려 상승해서 개인의 매매 행태와는 정반대의 움직임을 보여주고 있는 것이다.

개인 승률 35퍼센트, 나머지 투자 주체 승률 65퍼센트라는 것이다. 카지노에서 딜러와 고객의 승률 차이는 불과 몇 퍼센트밖에 나지 않는다. 그럼에도 그 작은 승률 차이 덕분에 돈을 퍼 담아가기에 돈 잃어주는 '호갱'을 공짜로 먹여 주고 재워 준다. 그러니 외국인 입장에서 우리나라 증시는 황금알을 낳는 거위가 아닐 수 없다. 그렇다면 최근의 상황은 어떨까?

[그림1-12]은 2016년 8월부터 2018년 4월 말까지의 종합주가지수와 투자 주체별 순매매 동향이다. 이 기간에 종합주가지수는 장중 1931.07의 저점에서 2607.10의 고점을 찍으면서 사상 최고치를 갈아치우는 고공 행진을 계속했다. 외국인은 역시나 이동평균선처럼 주가와 같이 움직였고, 기관은 박쥐처럼 이랬다 저랬다 했고, 개인은 정확하게 반대로 움직였다. 중장기적으로 보나 단기적으로 보나 외국인을 따라 하고 개인의 반대로만 하면 수익이 나는 구조라는 것을 알 수 있다.

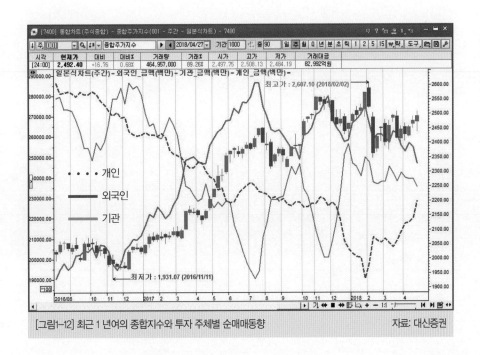

최고가 : 2,607.10 (2018/02/02)

최저가 : 1,931.07 (2016/11/11)

• • • • 개인

━━━ 외국인

━━━ 기관

[그림1-12] 최근 1년여의 종합지수와 투자 주체별 순매매동향   자료: 대신증권

순매매 동향으로 알 수 있는
4차 산업혁명 유망 종목 선정

[그림1-13]은 코스닥에 상장돼 있는 의료용 임플란트 제조회사인 오스템임플란트의 주가다. 2010년 5~6퍼센트 남짓하던 외국인 보유 비율이 지속적으로 늘어나 최근 50퍼센트를 넘어섰다. 이에 비례해 7000원대던 주가가 8만원대를 돌파하면서 10배 이상 상승한 것을 알 수 있다. 코스닥은 유가증권시장에 비해 외국인이나 기관 투자자의 비중이 작고 개인 투자자가 압도적으로 많다. 그런데도 외국인의 보유 비중이 이렇게 큰 폭으로 증가한 것은 그만큼 투자 매력이 있었다는 뜻이고 이는 주가 상승으로 증명됐다.

[그림1-13] 외국인 보유비율과 주가가 동반 상승하는 오스템임플란드　　　자료: 대신증권

　　외국인은 첨단 금융 기법과 전 세계를 망라한 글로벌 정보력, 막강한 자금
력으로 무장하고 시장을 주도하기 때문에 주식 시장에 미치는 영향력이 그 어
떤 투자 주체보다 크다. 그리고 외국인 투자자는 대부분 개인이 아니다. 투자
신탁 같은 투자 전문 회사가 많으며 환율 변동에도 신경 쓰면서 투자하고 있
다. 그래서 개인이나 기관과 달리 환율과 전 세계적인 금융 동향에 촉각을 곤
두세우고 고도의 정보력으로 항상 한발 앞서서 증시를 주도해 나가고 있다.

　　특히, 4차 산업혁명 관련 종목은 대부분 국내뿐 아니라 글로벌 시장과 밀접
하게 연관돼 있기에 세계적인 정보 동향을 수집하고 분석하는 외국인의 투자
비중을 참조하면 그 어떤 지표보다 쉽고 정확하게 투자 유망 종목을 발굴할

수 있다. 머리 싸매고 밤새 종목을 분석하는 것도 좋지만 성적 좋은 외국인은 뭘 하는지 슬쩍 엿보고 투자에 참조하는 것이 비용 대비 효과 면에서 훨씬 유리하다.

투자 유망 종목 언제 사고, 언제 팔 것인가?
개인과 외국인 교차 신호

앞에서 개인의 매매 동향과 종합주가지수가 반대로 가는 경우가 무려 65퍼센트에 달한다는 것을 알았다. 개인과 반대로만 하면 최소한 손실 날 일은 없을 정도의 놀라운 확률이다.

그렇다면 특정한 종목을 사고팔 때는 무엇을 참조해야 할까?

개인이 집중적으로 사는 순매수 금액 상위 종목은 주가가 하락하고 반대로 개인이 팔아 치우고 떠나버리는(순매도 금액 상위) 종목은 주가가 상승하는 현상이 끊임없이 반복되고 있다. 이 점을 이용하면 된다. 외국인이 줄기차게 사고 개인이 팔아대는 종목. 그런데 매매 시점은 어떻게 파악할 수 있을까? 언제 사고팔아야 하나?

[그림1-14]은 오스템임플란트의 최근 주가다. 상승과 하락을 반복하는 주가 움직임 속에 개인(파란 점선)과 외국인(빨간 선)이 서로 반대로 움직이고 있다. 역시나 기관(녹색 선)은 이랬다저랬다 하고 있기에 신뢰도가 낮다.

2017년 1월 말 개인의 순매매 동향이 아래로 꺾이고 외국인의 순매매 동향(빨간 선)이 위로 향하면서 주가가 상승하고 있다. 이게 1차 신호다. 그 뒤 2월

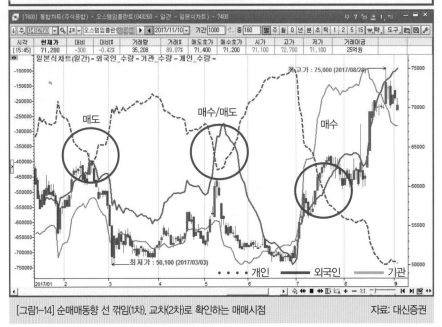

선이 반대로 꺾이면서 1차 신호를 주고 있고 교차 시점에서 2차 신호를 주고 있음. 공격적이면 1차에서, 보수적이면 2차(원으로 표시된 교차) 시점에서 매매하면 됨.

[그림1-14] 순매매동향 선 꺾임(1차), 교차(2차)로 확인하는 매매시점　　　　자료: 대신증권

중순에 두 선이 이동평균선 교차하듯이 교차하는 시점이 2차 신호다. 이런 식으로 이 종목은 1년간 3번(매도→매수/매도→매수) 정확하게 매매 시점을 알려주고 있다. 본인이 공격적 성향이면 선이 반대로 꺾이는 1차 신호에 매매하고 (고위험 고수익이니 쓴 맛을 볼 수도 있다) 보수적 성향이면 두선이 교차하는 것 (2차 신호)을 확인하고 안전하게 매매하면 된다.

　외국인이 항상 수익을 낸다는 보장도 없고 개인이 매번 손실을 보는 것도 아니다. 하지만 앞의 예와 이 책에서 앞으로 다루게 될 여러 종목의 수많은 사례에서 외국인과 개인의 순매매 동향 교차 분석이 얼마나 단순하면서도 강

력한 힘을 발휘하는지 알게 될 것이다.

외국인의 높은 투자 성공률을 따르고 반대로 개인의 쏠림 현상만 피해 가도 다른 그 어떤 분석이나 이론보다 안전하고 확실하게 이 시장에서 성공할 수 있다. 수많은 개인의 실패담과 외국인의 성공 사례를 통해 이는 검증됐고 또한 지금도 반복되고 있는 안타깝지만 엄연한 현실이다.

부동산 갭 투자 나섰다가 쓴맛 본 A씨, 4차 산업혁명 종목에 투자한다면?

〈A씨는 올해 초 ○○아파트를 구입했다. 전세를 낀 갭 투자 방식이었다. 그러나 정부의 강력한 부동산정책으로 부동산 시장이 얼어붙으면서 오히려 손해를 보고 말았다.〉

갭투자는 매매 가격과 전세 가격의 차이(Gap)가 매우 적은 아파트를 사들인 다음 단기간에 전세 가격을 올려 매매 가격 상승을 유도하는 투자 방식이다. 전세를 끼고 되팔면서 시세차익을 얻는다. 전체 부동산 가격을 부담하는 것이 아니기 때문에 상대적으로 적은 자기자본으로 높은 수익률을 올릴 수 있어서 최근 부동산 시장에서 반짝 인기를 끌었다. 하지만 정부가 대출 규제를 강화해 주택 시장이 위축될 것으로 전망됨에 따라 위험 요소가 큰 투자가 되고 말았다.

300억 원대 분양사기 잠적

아파트 주택조합장이 입주 예정자들을 상
대로 300억 원대의 분양 사기극을 벌인 뒤
잠적한 사건이 발생했다. …….중략

부동산은 전 재산을 연습 없이 한 방에 걸어야 하는
살벌한 진검 승부

그런가 하면 위의 사례처럼 아파트 분양 사기로 전 재산을 날렸다는 이야기가 종종 언론을 통해 보도되기도 한다. '어디에 아파트를 샀는데 그게 올라서 많은 시세 차익을 남기고 팔았다'더라, '상가를 분양 받아서 프리미엄을 받고 짭짤한 수익을 냈다'더라 같은 근거도 없는 이야기를 듣고는 부동산 투자만 하면 떼돈을 벌 것 같은 환상에 우리는 사로잡히기도 한다.

그렇지만 자신의 현실을 돌아보면 어떠한가? 매달 생활비 내기도 빠듯하고 모아놓은 돈은커녕 대출금 갚아나가기도 힘든데 무슨 돈으로 부동산 투자를 할 수 있을까? 수천만 원은 기본이고 몇 억 원도 누구네 집 강아지 이름 부르듯 하는 곳이 부동산 시장인데 보너스 좀 탔다고 부동산 투자를 할 수는 없는 노릇이다.

부동산 투자는 기본적인 투자금 단위가 크기 때문에 일단 시작하면 거의 평생 모은 전 재산을 거는 경우가 대부분이다. 주식 투자는 돈이 없으면 몇만 원 혹은 몇 십만 원으로도 시작할 수 있고 경험이 없으면 모의투자로 연습해볼 수도 있지만, 부동산 투자는 최소 단위가 자신의 전 재산이고 무조건 시작하면 바로 살벌한 진검 승부가 시작된다는 점이 문제다.

그러다 보니 평생 모은 재산을 날릴 수도 있다는 것을 간과하고 함부로 시작했다가 낭패를 보는 사람들이 늘고 있다. 부동산 브로커들이 'ㅇㅇ개발'이니 '××기획'이니 하는 이름을 달고 고수익을 보장한다면서 홍보한다. 하지만 앞의 신문기사에서 봤듯이 부동산 사기극은 우리 주변에서 자주 발생하고 있다. 먹을 것 못 먹고 입을 것 안 입고 아낀, 피 같은 돈을 사기꾼에게 봉투째 갖다 바칠 수도 있는 것이다.

주식 종목 가격 차이처럼
부동산 가격도 천차만별

국토교통부의 '2017년 개별공시지가' 현황에 따르면 전국 최고가는 서울시 중구 충무로1가(명동)에 위치한 화장품 판매점인 '네이처리퍼블릭' 부지다. 이곳의 지가는 제곱미터당 8600만 원으로, 평당(3.3제곱미터) 지가는 2억8000만 원에 달한다. 반면 공시지가 최하위인 전남 진도군 조도면의 임야 부지는 제곱미터당 120원으로 평당 400원에도 미치지 못한다.

이처럼 부동산이라고 모두 금싸라기는 아니다. 잘 골라야 보석이 되는 것이지 잘못 고르면 애물단지가 되어버리는 것이 또한 부동산이다. 주식 투자는 종목을 잘 골라야 한다고 말들 하지만 부동산 투자도 잘 골라야 수익이 난다. 아무 데나 투자한다고 돈을 벌 수 있는 것은 분명히 아니다.

강남 아파트 투자 수익은 최대 7배,
우량주 주식투자는 최대 70배

사람들은 다른 어떤 투자보다 부동산 투자에 투자 수익이 따라온다고 이야기한다. 또한 거기에 모두들 관심을 가진다. 부동산 투자 열풍에 관계된 기사를 보면 언뜻 맞는 말 같아 보이기도 한다

그렇다면 최근 약 25년간 서울 강남의 아파트 상승률과 증권거래소 주요 종목의 주가 상승률을 비교해 보자. 과연 어느 투자 수단의 수익률이 좋았을까?

강남구 대치동의 은마아파트가 1993년에 1억7000만 원이었는데 2017년 10월에 15억 원이 됐으므로 782퍼센트 상승했다. 재건축 아파트가 제일 많이 올랐고 다른 강남의 주요 아파트들도 3~7배 정도 오른 셈이다. 그에 비해 주식 시장의 강남 아파트라고 할 수 있는 우량주를 보면 삼성전자가 3만7000원

[표1-5] 강남 아파트 투자와 우량주 투자의 수익비교

투자대상	1993년	2004년	2017년 10월	수익률
강남구 개포동 우성3차(56평)	5억5000만 원	12억7000만 원	18억 원	227%
송파구 잠실동 주공5단지(35평)	2억1000만 원	7억2000만 원	17억 원	710%
강남구 대치동 은마(35평)	1억7000만 원	7억 원	15억 원	782%
SK텔레콤	1만2500원	23만8000원	25만 원	1,900%
롯데칠성	3만500원	70만5000원	130만 원	4,162%
아모레G	2290원	2만5950원	14만3500원	6,166%
삼성전자	3만7000원	55만5000원	270만 원	7,197%

* 자료 : 부동산뱅크, 미레에셋대우증권

에서 270만 원(액면분할 이전 기준)으로 7000퍼센트 이상 올랐으며 롯데칠성과 아모레G는 4000~6000퍼센트 이상 올랐다.

1억 원으로 강남의 아파트에 투자했다면 3억~7억 원을 벌었겠지만 우량주에 투자했다면 40억~70억 원을 벌었다는 이야기이다. 알짜 부동산에 투자했다 해도 주식 투자에 비하면 수익률 면에서 비교가 되지 않는다는 것을 알 수 있다.

그런데 혹자는 예로 든 우량주가 아니라 부실한 주식에 투자했다면 그렇게 많은 수익을 내지 못할 뿐만 아니라 원금을 까먹었을 것이라고 말한다.

그렇다면 부동산은 어떠한가? 부동산도 모두 다 상승한 것은 아니다. '조만간 대규모 개발이 이루어진다'느니, '고속도로가 뚫린다'느니 하는 감언이설에 속아서 시골 산골짜기의 임야를 높은 프리미엄을 주고 산 사람들은 어떻게 되었을까? 떼돈은커녕 팔고 싶어도 사겠다는 사람이 없거나 오히려 개발제한으로 묶여 애물단지가 되기도 했을 것이다.

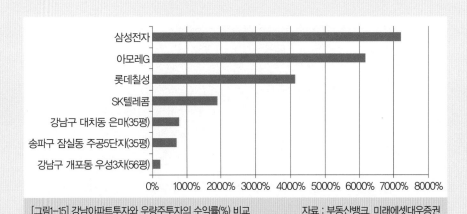

[그림1-15] 강남아파트투자와 우량주투자의 수익률(%) 비교   자료 : 부동산뱅크, 미래에셋대우증권

부동산 투자도 제대로 옥석을 가려서 투자했을 경우에나 수익이 나는 것이지 주변의 감언이설에 속아서, 부동산 브로커의 광고에 혹하고 넘어가서 묻지마 투자를 했다면 지금 속만 썩고 있을 것이다.

4차 산업혁명 시대 주식 투자는
새롭게 열리는 엄청난 수익의 기회

예전에 삼성전자나 아모레G, 롯데칠성 같은 주식을 사두었다면 지금 수십 배의 엄청난 수익에 즐거워할 수 있었을 것이다. 하지만 이미 지나간 과거 일이고 여러분에게는 기회가 없었다. 그렇다고 지난 일 아쉬워하면서 신세한탄만 할 것인가?

제2의 삼성전자나 아모레G, 롯데칠성 같은 종목이 지금 모래 속에 숨어서 반짝반짝 빛날 날을 기다리고 있다. 시장에는 항상 각광받는 종목과 장래가 유망한 종목이 있다. 과거에 연연하지 말고 지금 이런 종목을 찾아 투자한다면 많은 투자 수익을 올려 찬란하고 행복한 미래를 기대할 수 있다. 지금도 주식 시장에는 수익성·안정성·성장성 면에서 우수한 수많은 종목이 여러분의 선택을 기다리고 있다.

자, 이제 여러분의 선택만 남았다. '삼성전자 주식이나 사둘걸' 하면서 땅을 치며 후회만 하고 있을 것인가? 아니면 제2 제3의 삼성전자 같은 신데렐라를 찾아 나설 것인가?

매수/매도 상황을 만드는
변수와 대응전략

사고팔아야 할 때를 알려주는
시장의 신호들

주식을 사고팔 때는 타이밍을 알려주는 변수가 신호를 보낸다. 그런데 이들 신호는 업종과 종목에 따라 상당히 다르게 작용하는 경향이 있다. 자신이 투자하려는 종목은 이들 중에서 어디에 속하는지 파악하고 예의 주시해야 한다.

- 유행에 민감한 종목은 주가 변동도 급등락이 심하다.
- 계절적인 요소가 반복적으로 호재/악재로 작용하는 종목은 시즌에 따른 주가 등락 주의해야 한다.
- 빈 수레가 요란하다. 알맹이 없이 공시를 남발하는 종목은 주가 하락 신호다.
- 테마주는 한 박자 빠르게 움직이지 않으면 항상 손실로 귀결된다.

매수/매도의 타이밍을 만드는 변수와 단기 급등락 변수에 따른 매수/매도 전략을 알고 대응해야 최적의 매매 시점을 파악할 수 있다.

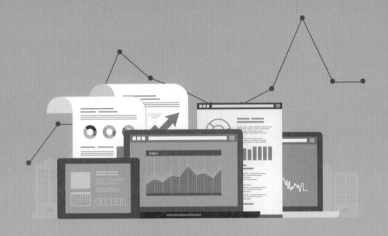

chapter 01

매수 · 매도 타이밍을
만드는 변수들

유가증권시장과 코스닥 종목의
매매 전략은 다르다

우리나라의 증권 거래 시장은 크게 유가증권시장(코스피)과 코스닥으로 나뉜다. 유가증권시장이 큰형님 격이라면 코스닥은 아우라고 할 수 있다. 그렇다면 두 시장의 특성은 무엇이고 어느 시장에서 투자 유망 종목을 찾아야 할까?

덩치 큰 회사들이 몰리는
유가증권시장

1999년 이후 2017년까지 코스닥에서 유가증권시장으로 옮긴 기업은 47개사에 이른다. 네이버는 2008년 11월 코스닥에서 유가증권시장으로 옮겼는데 6조

원 규모이던 시가총액이 2017년 현재 25조 원을 돌파하면서 시가총액 기준 유가증권시장 7위에 우뚝 올라섰다. 카카오도 2017년 7월 10일 유가증권시장으로 이전하자마자 주가가 12퍼센트가량 오르며 시가총액 기준 7조7000억 원으로 41위에 올랐다. 이후 카카오의 주가는 계속 급등해서 9월 19일까지 35퍼센트 상승했다.

코스닥의 대장주인 바이오 복제약 1위 기업 셀트리온도 2017년 9월 29일에 유가증권시장으로 이사를 결정했다. 이 회사는 미국과 유럽에서 1조 원 이상의 바이오시밀러(바이오 복제약) 매출을 올릴 것으로 예상될 뿐만 아니라 시가총액이 13조 원을 넘어서면서 코스닥 1위를 차지하고 있었다. 이 회사의 시가총액은 유가증권시장에서도 20권이다. 이 정도의 기업 성과와 시가총액이 있는데도 코스닥에서 기관과 외국인의 투자를 받는 데에 한계를 느껴서 유가증권시장으로 이전을 추진한 것이다.

또 다른 예를 보면, 투바앤은 애벌레 캐릭터 애니메이션 '라바'로 유명한 애니메이션 제작사인데 2019년을 목표로 상장을 추진하고 있다. 이 회사는 원래 코스닥 상장을 고려했는데 기업 가치가 좋아지고 유가증권시장 등록 요건을 갖출 수 있게 되면서 코스닥 대신 유가증권시장 상장 추진으로 목표를 바꿨다. 회사 상황이 좋아지다 보니 구태여 '2부 리그' 격인 코스닥에 입성하기보다는 우량주가 대거 포진한 '1부 리그'인 유가증권시장으로 방향을 선회한 것이다.

유가증권시장은 '1부 리그', 코스닥은 '2부 리그'라는 인식

그렇다면 왜 이렇게 많은 기업이 코스닥 대신 유가증권시장으로 이사하거나 상장을 추진하는 것일까?

동생뻘인 코스닥 시장은 유가증권시장에 비해 소형주가 많고 상장 및 관리 규정이 상대적으로 느슨해서 '형님'에 비해 사고(?)를 치는 경우가 많다. 그리고 외국인이나 기관 투자자에 비해 개인 투자자 비율이 절대적으로 높다. 그래서 자격 요건만 되면 코스닥 시장을 벗어나 상대적으로 '큰물'로 가려고 벼르는 기업이 꽤 있다.

유가증권시장에 상장하는 조건은 코스닥에 상장하는 조건보다 까다롭다. 반면에 상장만 하면 '1부 리그 선수'라는 브랜드 이미지가 생겨 기업 신뢰도가 상승하고 외국인 투자 유치도 상대적으로 훨씬 용이해진다.

코스닥에서 유가증권시장으로 이사한다는 것은 기업 규모나 재무 구조 등의 개선을 의미한다. 소위 말해서 브랜드 이미지가 좋아지는 것이므로 주가가 상승할 호재로 작용하기에 이들은 좋은 투자 대상이 된다.

유가증권시장의 종목이 제도적인 이유와 선호도 때문에 코스닥 종목에 비해 상대적으로 외국인이나 기관 투자자의 투자 비중이 높고 기업의 재무 구조 등이 탄탄하다. 이는 안정성이나 성장성 면에서 신뢰도가 높다는 뜻이기에 투자자 입장에서는 투자했을 시 성공 확률도 높다는 신호로 받아들인다.

상대적으로 더 큰 투자 수익에 대한 기대감으로
개인 투자자가 몰리는 코스닥

물론 코스닥에도 중량감은 다소 떨어지지만 얼마든지 우량주로 성장할 만한 좋은 기업이 많다. 그러기에 이들을 무조건 외면할 필요는 없다. 잘만 고르면 투자수익률이 훨씬 더 높을 수 있다는 장점도 있다. 단지 시장 특성상 쏠림 현상과 여러 요인 탓에 가격 왜곡이 발생할 여지가 많이 있으므로 코스닥의 종목들은 상대적으로 더 꼼꼼하고 주의 깊게 분석하고 선택, 투자하는 지혜가 필요하다.

02

유행에 민감한 관련 종목은
주가 변동도 급등락이 심하다

요 몇 년간 사드 여파 등으로 중국과의 관계가 편치 않았다. 이럴 때는 다른 산업도 피해를 보지만 한류와 관련된 엔터테인먼트 종목은 타격을 특히 많이 받는다. 왜냐하면 한류 열풍으로 중국 대륙에서 한국 연예인에 대한 인기가 장난이 아니었기에 반대로 한·중 관계가 싸늘해지면 그 타격도 훨씬 더 크게 받는다.

드라마 한 편 인기로

관련 종목 주가 60~80퍼센트 단기 급등

'해를 품은 달', 일명 '해품달'은 조선시대 가상의 왕 이훤과 비밀에 싸인 무

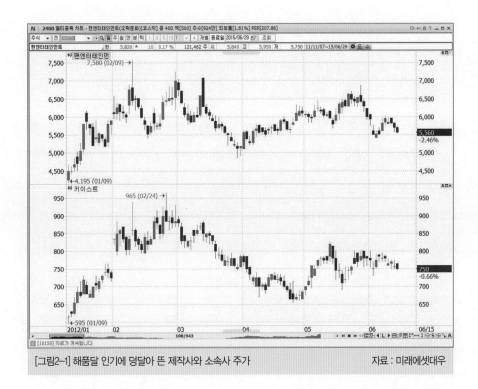

[그림2-1] 해품달 인기에 덩달아 뜬 제작사와 소속사 주가   자료 : 미래에셋대우

녀 월의 애절한 사랑을 그린 궁중 로맨스 드라마다. 김수현과 한가인이 주연을 맡은 이 드라마는 2012년 1월 4일 첫 회가 방송되고 난 후 회가 갈수록 인기를 끌었다.

이 드라마를 제작한 회사는 팬엔터테인먼트였고 주인공 김수현은 '겨울연가'로 대박을 친 배용준이 최대주주인 회사 키이스트 소속이었다. 팬엔터테인먼트와 키이스트는 이 드라마가 첫 방송된 2012년 1월 4일 이후부터 상승하기 시작했다. 드라마 해품달의 시청률이 40퍼센트를 돌파하면서 두 종목은 드라마의 인기를 업고 상승 추세를 이어가서 2월에 고점을 찍었다. 1월 초 저점 대비 팬엔터테인먼트는 81퍼센트, 키이스트는 62퍼센트 상승하며 기염을 토했다. 특히 키이스트는 드라마뿐 아니라 김수현이 잇따라 의류, 화장품 등 굵직굵직한 광고 계약을 터뜨리자 '김수현 효과'를 톡톡히 누렸다.

시간이 지나 2013년 12월, 이번에는 김수현이 400년 전 지구에 떨어진 외계 남 도민준 역을 맡고 철없는 톱스타 천송이 역을 맡은 전지현과 호흡을 맞춘 '달콤 발랄 SF 로맨스' 드라마의 예고가 광고되기 시작했다. 드라마는 2013년 12월 18일에 방송을 시작해서 이듬해 2월 27일에 종영했다. 이 기간에 키이스트의 주가는 1600원대의 고점을 찍고 1400원대에서 주춤했다.

[그림2-2] 별그대 인기에 주인공 소속사 키이스트 주가도 급등　　　　자료 : 미래에셋대우

이 드라마와 김수현의 인기는 국내보다 중국에서 더욱 폭발적이었다. 우리 나라보다 엄청나게 큰 시장에서 인기가 폭발한다니 투자자는 중국 시장에서 후폭풍이 일 것으로 판단했다.

그 결과 2013년 11월 25일 1140원이던 키이스트의 주가는 이후 상승을 지속 해서 이듬해 1월 중순에는 1600원을 넘기면서 40퍼센트 상승했다. 이후 주가 는 조정을 거치면서 고점을 계속 높였다. 6월 초에는 4300원을 넘겨 270퍼센 트대나 상승해 중국 시장의 규모를 보여주었다. 중국을 비롯한 해외 시장은 판권 수출과 재방영권 판매 등 부가 수익 외에 광고, 행사, 공연 등의 수익이

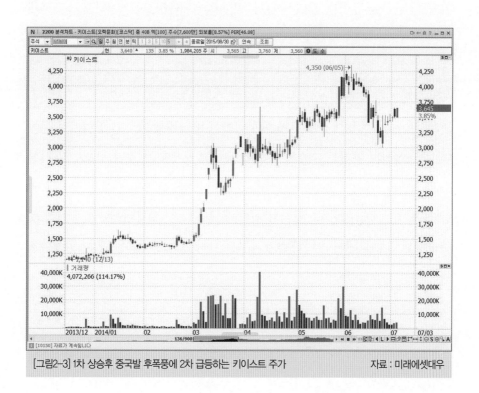

[그림2-3] 1차 상승후 중국발 후폭풍에 2차 급등하는 키이스트 주가 　　　　　　　　자료 : 미래에셋대우

국내와는 비교도 안 될 정도로 규모가 크기에 한류 열풍을 타고 주가도 고공행진한 것이다.

아이돌그룹의 중국인 멤버 한 명의 탈퇴로
휘청거린 주가

에스엠(SM)은 엔터테인먼트 회사로 아이돌 그룹의 매출로 성공한 회사다. 2014년 9월 말경 아이돌그룹인 엑소(EXO)의 중국인 멤버 루한의 탈퇴 소식이 전해지자 불과 이틀 만에 주가가 3만6000원대에서 2만7000원대로 25퍼센트 넘게 떨어지면서 시가총액 2000억 원이 공중으로 날아가 버리고 만다. 루한이 회사를 상대로 '전속계약효력부존재확인소송'을 낸 직후부터 주가는 곧바로 하한가로 직행한 것이다. 왜 이렇게 충격파가 큰 것일까?

그것은 엑소가 벌어들이는 매출의 절반이 중국에서 나오고 있었기 때문이다. 중국에서의 콘서트 회수가 30회에 달하고 있었다는 것만으로도 그 사실을 증명한다. 게다가 루한이 자신의 웨이보(중국판 트위터)에 올린 글은 1300만 건이 넘는 댓글이 달려 '웨이보 최다 댓글 포스트'로 기네스북에 등재됐고, 중국에서 진행된 멤버별 인기 투표에서는 무려 1억 표 이상을 받는, 엄청나게 인기 있는 멤버였다.

이처럼 에스엠의 중추적인 수입원이자 중국 매출 비중이 큰 그룹의 가장 인기 있는 중국인 멤버가 탈퇴한다는 것은 큰 타격이 아닐 수 없기에 투자자들이 이를 상당히 심각한 악재로 받아들인 것이다.

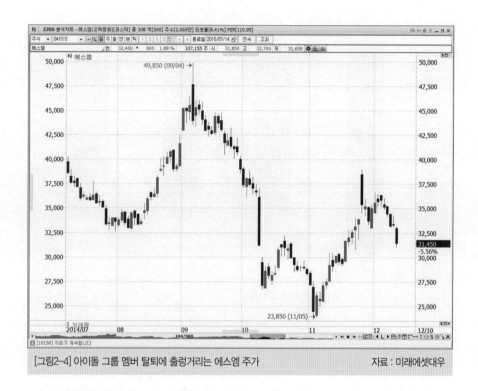

[그림2-4] 아이돌 그룹 멤버 탈퇴에 출렁거리는 에스엠 주가   자료 : 미래에셋대우

  이후 이 종목은 이러한 악재를 딛고 다시 반등했다. 하지만 이 사례에서 보듯이 엔터테인먼트 관련 종목에서 중국과의 문제는 단기적으로 주가에 큰 악재라는 것을 알 수 있다.

사드 배치 갈등으로 3개월 만에 큰 폭으로 하락한
엔터테인먼트 종목들

2016년 7월 사드배치 발표 이후 중국과의 관계가 급격히 냉각되면서 한류

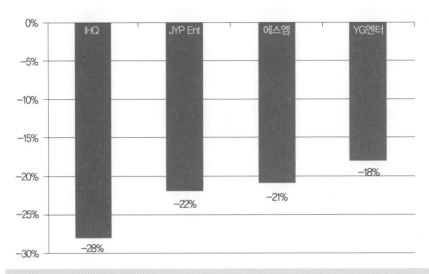

[그림2-5] 사드 발표 이후 급락한 엔터테인먼트 종목들　　　　　　자료 : 미래에셋대우

엔터테인먼트 관련 종목에 또 다른 악몽이 시작됐다. 중국 정부가 비공식적
으로 콘텐츠 관련 산업계에서 한국 연예인의 중국 내 방송 활동을 금지하는
'한한령'을 내림에 따라 국내 드라마 및 영화 제작사와의 합작 사업 등이 중
단, 축소되는 사태가 이어졌다.

　　2016년 7~9월 약 3개월간 한류 관련 엔터테인먼트 주요 종목은 -18퍼센트
에서 -28퍼센트까지 하락했다. 한류 콘텐츠로 수익을 올리던 국내 엔터테인
먼트 기업의 주가는 사드 배치 발표 이후 하락하기 시작해서 아직도 당시 수
준을 회복하지 못하고 있는 실정이다.

　　이런 싸늘한 분위기는 2017년 하반기부터 중국과 화해 분위기가 조성되고
2018년 봄이 되면서 그동안 경색된 경제·정치 교류가 활발해질 조짐을 보임

에 따라 회복되고 있다. 하지만 언제 또 중국과 마찰이 생길지 모르고 엔터테인먼트 관련 종목은 중국 시장의 반응에 따라 주가 등락이 심한 경향이 있다. 따라서 한류 관련 엔터테인먼트 종목은 중국 시장의 동향을 파악하고 투자에 나서야 한다.

매년 계절적으로 반복되는 변수에 민감한 종목은 매매 타이밍 포착이 관건

최근 우리나라는 매년 미세먼지로 전국민이 고생한다. 그렇지만 이것을 기회로 삼아 피해를 줄여주는 공기청정기 제조 회사 등의 종목을 발굴해 투자 기회를 찾아본다면 어떨까?

공기청정기 제조 회사는
미세먼지 덕을 볼까?

2014년 화창한 봄날에 뜻하지 않은 미세먼지라는 불청객이 전국을 휩쓸며 우리를 괴롭혔다. 하지만 이런 고통 속에서 활짝 웃는 종목이 있었으니 바로 위닉스다. 이 종목은 영업 실적 발표를 하루 앞두고 상한가를 기록했는데 5월

2일 실적발표가 나오자 주가가 10퍼센트 넘게 더 올랐다.

하지만 이게 끝이 아니었다. 연초에 1만1000원대를 유지하던 주가가 5월 19일에는 2만8500원까지 상승했다. 위닉스가 발표한 2014년 1분기 잠정 영업이익은 43억6900만 원으로 작년 같은 기간과 비교하면 무려 952퍼센트 늘어난 수준이다. 영업이익이 10배 가까이 증가한 셈이다. 당기순이익과 매출액도 각각 35억 원과 556억 원을 기록하며 944퍼센트, 58퍼센트나 늘어났다.

이는 연초부터 중국에서 날아온 미세먼지와 건조한 날씨 탓에 공기청정기와 가습기 에어워셔의 판매가 크게 늘었기 때문이다. 미세먼지 주의보가 발

[그림2-6] 미세먼지 공습에 주가상승으로 답하는 위닉스 　　　　　　　자료: 미래에셋대우

령될 만큼 문제가 심각해지면서 공기청정기 수요가 증가한 것이다.

미세먼지 농도가 진한 곳에서 오랫동안 호흡하면 감기나 천식과 같은 호흡기 질환부터 피부 질환과 안구 질환까지 생길 수 있다고 한다. 상황이 이렇다 보니 실내 공기를 정화하는 공기청정기를 구입하는 사람이 늘면서 위닉스의 실적도 좋아진 것이다. 같은 해 1, 2월 롯데하이마트의 공기청정기 판매량은 전년도 같은 기간보다 650퍼센트, 1000퍼센트나 늘어난 것으로 조사됐다.

게다가 2013년 10월에 선보인 가습기 에어워셔의 돌풍도 매섭다. 미세먼지를 막기 위해 창문을 닫고 생활하다 보면 건조해지기 쉬운데 이 때문에 가습기 판매도 증가한 것이다. 위닉스는 살균제를 사용하지 않고 수분 입자를 바람에 날려 공기에 수분을 공급하는 제품을 내놨다. 가습기를 사용하던 산모와 영유아가 살균제 때문에 폐가 손상돼 사망하는 사고가 발생했는데, 이런 사고가 되풀이될 수 있다는 소비자의 우려를 고려한 제품이다.

위닉스는 국내 제습기 시장의 50~60퍼센트를 장악하고 있고, 자체 브랜드 상품 판매뿐 아니라 삼성전자와 웅진코웨이에 주문자상표부착(OEM) 생산 방식으로 납품하고 있다. 이런 이유 등으로 봄에 접어들어 주가가 두 배 이상 상승한 것이다.

미세먼지 사라져도
계속 보유하는 것이 좋을까?

그런데 [그림2-7]을 보면 이 종목은 이후 상승을 지속하지 못하고 봄에 급등했다가 이내 제자리로 돌아온다. 봄날 벚꽃처럼 화려한 주가 상승을 뽐내고는 '벚꽃엔딩'을 하며 하락했다. 2015년에도 봄날 반짝 두 배 상승한 주가는 이내 시들해지면서 하락세로 돌아섰다.

그래서 이 종목은 치고 빠지는 전략이 필요하다. 2014년의 효과를 본 투자자들이 몰리면서 2015년에는 주가 상승과 하락 시점이 약 한 달씩 빨라졌다. 이처럼 봄에 미세먼지로 고생할 때 투정만 한 것이 아니라 어떤 제품, 회사가 반사 이익을 누리는지 관심을 가진 사람은 3개월 반짝 봄날 투자로도 두 배나 되는 화려한 꽃놀이 수익을 올렸다.

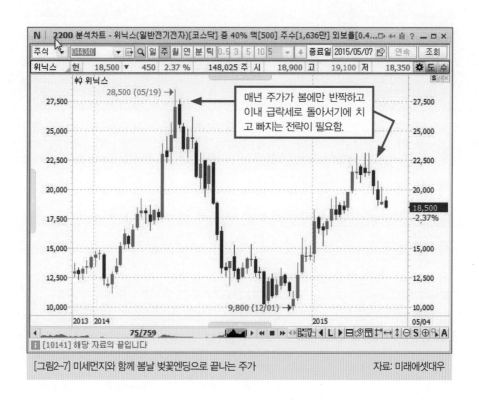

[그림2-7] 미세먼지와 함께 봄날 벚꽃엔딩으로 끝나는 주가   자료: 미래에셋대우

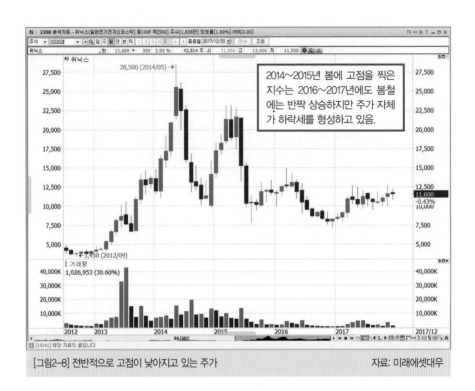

[그림2-8]에서 보듯이 위닉스는 이후 2016년과 2017년 봄에도 반짝 상승을 하지만 주가 자체가 하락세를 면치 못하고 있다. 왜 이런 것일까? 경쟁회사의 신제품과 공격적인 마케팅으로 상대적으로 선점한 시장 우위를 상실하면서 매출 신장세가 주춤해진 것이다. 이는 곧 좋지 않은 실적으로 이어지면서 2015~2016년에는 적자를 기록했다.

봄철 특수를 노리는 치고 빠지기 전략이 유효한, 전형적으로 계절적 영향에 수혜를 받는 종목이지만 그 효과가 반감되고 있는 것이다. 이처럼 계절적 요인으로 주가가 매년 비슷한 패턴으로 등락을 반복하는 경우가 있다. 하지

[표2-1] 위닉스 주요 재무제표

구분	2013년	2014년	2015년	2016년
매출액	2578	2631	1975	2131
영업이익	205	97	−107	25
순이익	150	58	−171	−138

* 단위 : 억 원, * 자료 : 금융감독원 전자공시시스템(DART)

만 그 등락 폭에서 발생한 주가 수익은 결국 회사의 실적에 수렴한다. 결국 계절적 요인으로 생기는 매매 타이밍이라도 기업의 수익성과 성장성에 따라 그 효과가 달라지는 것이다.

겨울에는 매수하지 말아야 하는 종목도 있어

'방학에는 게임주를 사라, 봄에는 황사(미세먼지) 관련주를 사라, 여름에는 아이스크림 관련주를 사라'는 계절과 관련돼 회자되는 증시 격언 중 하나다. 그런데 여기에 하나 더 추가할 것이 있다.

'겨울에는 손해보험주를 팔아라.' 겨울철은 손해보험 관련 종목에 악재일까? 그렇다면 매년 그런 패턴이 이어지는 것일까? 날씨와 손해보험 관련주가 관련이 있다면 계절에 따라 치고 빠지는 전략이 가능하지 않을까?

매년 겨울은 손해보험 관련 종목의
춥고 배고픈 시절

왜 겨울에는 손해보험주를 팔아야 하는 것일까? 손해보험 업계 1위인 삼성화재는 2013년 봄부터 주가가 꾸준히 상승해서 같은 해 11월에는 26만 원을 돌파했다. 하지만 겨울철이 시작되는 12월부터 주가가 하락하기 시작해 이듬해 2월 들어서는 23만 원대까지 떨어졌다. 2014년에도 이런 현상은 이어져서 봄이 되자 상승세를 이어나가 11월에 31만 원을 돌파한 주가는 2015년 2월 달에 25만 원까지 고꾸라졌다.

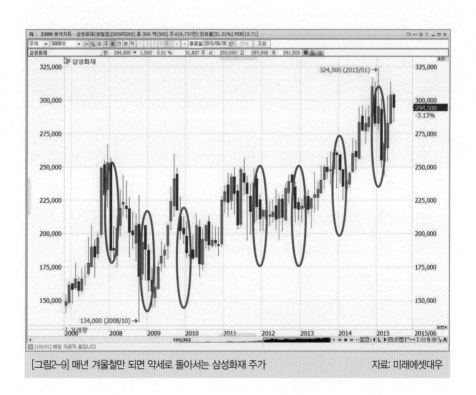

[그림2-9] 매년 겨울철만 되면 약세로 돌아서는 삼성화재 주가　　　　자료: 미래에셋대우

[그림2-10] 2015~2017년에도 겨울철에 약한 삼성화재 주가   자료: 미래에셋대우

[그림2-9]에서 보듯이 삼성화재의 주가는 거의 매년 겨울이면 맥을 추지

못하고 기존의 주가 상승분을 까먹고 있다. 이런 패턴은 2015~2017년 차트인

[그림2-10]에도 똑같이 나타나고 있다.

손해율 때문에 손해보험회사는
겨울철에 주가가 약한 패턴이 반복

왜 이렇게 따뜻한 날에 기껏 올라간 주가가 겨울만 되면 곰 동면하듯이 맥을 추지 못하고 하락하는 것일까?

그것은 눈이 오면 자동차 사고율이 높아지기 때문이다. 겨울에 눈이 와서 도로가 빙판길이 돼 버리면 교통사고가 늘어난다. 그러면 보험금 지급이 늘어나기 때문에 실적이 악화되고 이는 주가 하락으로 이어진다.

손해율은 보험회사가 고객에게서 거둔 보험료 중에서 교통사고 등이 발생했을 때 피해자에게 지급한 보험금의 비율을 말하는데 손해율은 겨울철만 되면 치솟는다. 삼성화재의 12월 자동차보험 손해율은 평균 107퍼센트로 11월 평균 80퍼센트보다 무려 27퍼센트포인트나 증가하고 다른 보험사도 대부분 100퍼센트 이상의 손해율을 기록한다. 손해보험회사의 손해율은 보통 75퍼센트 전후로 맞추는데 100퍼센트가 넘는다는 것은 적지 않은 적자가 발생했다는 의미다.

이처럼 손해보험 관련 종목의 주가는 겨울철에는 얼어붙고 눈 녹고 꽃피는 봄이 오면 다시 상승세로 돌아서기를 반복한다. 그래서 이들 종목에 투자할 때는 눈 내리는 계절은 피하는 것이 좋다. 더군다나 '이번 겨울에는 춥고 눈이 많이 내리겠다'는 기상청의 장기 예보가 나오고 '몇 년 만의 혹한, 폭설'등의 날씨 정보가 뉴스의 탑을 장식할 때는 손해보험주를 쳐다볼 생각도 하지 않는 편이 정신 건강에 좋다.

chapter 02

단기 급등락 변수와
매수/매도 전략

회사 내부자의 주식 매도, 횡령, 계약 · 제휴설 남발은 주가 하락의 신호탄

회사 내부자는 일반 투자자에 비해 회사의 고급 정보를 접할 기회가 많다. 일반 직원도 그러한데 임원이나 대주주 혹은 경영진은 말할 나위도 없다. 따라서 이들의 자사주 매매 동향은 주가 향방의 바로미터가 되기도 한다. 한편으로 국내외 대기업과의 계약, 제휴, 인수 관련설은 주가의 단기 급등락에 적지 않은 영향을 미친다.

주요 경영진/대주주가
주식을 내다 팔면 하락 주의보

회사의 임원은 기업의 고급 정보를 접할 기회가 많다. 이들이 자사 주식을 내다 판다면 뭔가 회사 내부에 문제가 있다는 것이니 주가 하락의 신호탄으로 볼 수 있지 않을까? 임원을 따라 매도 타이밍을 잡으면 손실을 줄일 수 있을까?

한두 명의 회사 임원이 개인적인 이유로 자사 주식을 내다 파는 것은 큰 영향을 미치지 않는다. 하지만 여러 명의 임원이 동시에 우르르 내다 판다면 회사 내부에 뭔가 이상한 낌새가 있음을 눈치챈 것이다. 그래서 이런 현상이 발생하면 대부분 단기 하락을 면치 못하므로 보유한 주식을 일단 팔고 관망해야 한다.

임원의 주식 대량 매도는 주가 하락의 신호탄이다. 그렇다면 대주주의 매도는 더욱 강력한 하락 신호가 아닐까? 대주주가 지분율을 줄이며 이익 실현하는 것은 주가 꼭지의 신호탄이다.

주가가 급등하면 대주주가 소리소문 없이 주식을 대량으로 처분하면서 이익을 실현하는 일이 종종 있다. 대주주가 보유 지분을 대량으로 팔아 치우는 것은 주가가 기업의 가치 이상 과대평가돼 있으므로 향후 주가가 하락할 것이란 위기감 때문이다.

대부분은 공시를 통해 주가에 악재로 작용하는 사안과 주식의 매각 사실을 알리지만 일반 투자자는 이런 사실을 제대로 확인하지 않다가 영문도 모른 채 하락의 칼날을 두 손으로 움켜쥐고서는 상처를 입고 만다. 배가 침몰할 조짐을 가장 먼저 알 수 있는 이들이 배에서 뛰어내린다면 승객도 일단 같이 뛰어 내리고 볼 일이다.

횡령과 분식회계는
부도와 상장 폐지로 가는 지름길이 되기도

우수한 실적과 장래성으로 한껏 투자자들의 기대감을 부풀리던 회사라도 생각지도 못한 엉뚱한 곳에서 문제가 터지면 나락으로 떨어질 수 있다. 코스닥 종목은 상당수가 자본금 규모가 작기 때문에 경영진이나 주주의 횡령 사건이 일어나면 회사가 한 방에 휘청거릴 수 있다.

금융 당국은 실적이 양호하더라도 회사 경영진의 횡령은 내부 통제 및 경영 안정성을 위협하는 위험 요인으로 간주한다. 실적은 경기 상황에 따라 달라질 수 있지만, 배임이나 횡령은 회사의 신뢰를 떨어뜨리는 심각한 문제라는 이유에서다.

그래서 거래소는 횡령 사건이 발생하면 회사가 상장적격 실질심사 대상인지 판단한다. 만약 대상으로 지정되면, 실질심사를 거쳐 상장 폐지 여부가 결정된다. 이 기간에는 매매도 정지되기 때문에 주주들은 주식을 매도하고 싶어도 팔 수 없다.

횡령 사건은 부도로 직결되기도 한다. 횡령으로 빼돌린 흔적을 숨기려고 고의로 매출을 부풀리기도 하는데, 그것이 부도의 원인이 되는 것이다. 공시된 손익계산서상으로는 이익을 냈지만 실제 현금 유입으로는 이어지지 않는 식이다. 이럴 경우 금융 당국이 조사해서 상장 폐지를 결정하면 주식 시장에서 퇴출되는 운명을 맞기도 한다.

이처럼 회사 실적이 좋아도 회사 경영진이 공금을 횡령하는 등의 문제를 일으키면 회사는 신뢰도에 치명타를 맞고 금융 당국의 제재를 받아서 시장에서 퇴출된다. 이 와중에 회사에서 발표하는 실적 자료만 믿고 투자한 투자자는 고스란히 피해를 떠안는다.

주식 투자의 세계에는 별별 이유로 언제 어디서 터질지 모르는 지뢰가 곳곳에 숨어 있다. 따라서 실적은 투자 판단의 중요한 자료 중 하나일 뿐이지 투자 성공을 100퍼센트 보장해주지는 않는다는 것을 알아야 한다.

양치기 소년 같은
외국 회사와의 제휴설의 약효는?

영향력 있는 외국 회사와의 제휴설은 주가에 호재로 작용하지만 그 파급력과 기간은 천차만별이다. 더군다나 아님 말고 식으로 제휴설을 남발하는 경우도 있다.

반짝 급등한 A사의 주가는 하루 이틀 지나고는 하락세로 돌아서 급등 이전으로 되돌아갔다. 여러 차례 미국, 중국 기업과 제휴했다는 소식이 전해지면서 주가가 상승했지만 그 약발(?)이 그다지 오래 가지 못하고 반짝 하루 이틀로 끝나고 만다. 왜 이렇게 시세가 짧은 것일까?

이 회사는 이전부터 외국 업체와의 제휴나 인수설이 끊이지 않았다. 처음에는 이런 소문에 주가가 급등하고 시세가 분출했지만 이내 흐지부지 없던 일이 되거나 아예 뜬 소문으로 끝나는 일이 많아서 투자자들이 이제는 반신반의한다. 마치 양치기 소년의 거짓말에 마을 사람들이 이골이 나서 외면하듯이 말이다. 그러면서 외국 굴지의 ○○업체가 이 회사와 제휴 내지 인수를 고려하고 있다는 소문이 퍼졌고, 이에 금융감독원이 관련 사실에 대한 공시를 요구했다. 회사는 사업 협력 방안은 검토 중이었으나 중단하기로 결정했다는 답변의 공시를 했다.

이에 주가는 반짝 급등 후에 하락세로 돌아섰다. 이후에도 다양한 국내외 기업과 계약을 맺고 제품·서비스를 제공하기로 했다는 소식이 들려도 주가는 하루 이틀 반짝 상승하고는 이내 원래 가격으로 되돌아갔다.

이 사례처럼 제휴설 남발은 신뢰도 하락으로 이어져 주가 상승에 대한 기대감도 낮춘다. 이런 종목의 제휴설을 믿고 투자에 나서지 않도록 주의해야 한다.

정치 테마주는 치고 빠지기 한 박자
빨라야, 늦으면 순식간에 손실

한국거래소와 금융감독원의 18대 대선(2012년)과 19대 대선(2017년) 관련 자료를 보면 화려함 속에 감춰진 정치 테마주의 명암을 알 수 있다.

회사 실적과 상관없이
천당과 지옥을 오고 가는 정치 테마주

금융감독원은 2012년 6월 1일부터 대선(같은 해 12월 19일) 1년 후인 2013년 12월 20일까지, 1년 반가량의 기간 동안 유가증권시장 38개, 코스닥 109개 등 총 147개 종목의 수익률 흐름을 분석했다.

구체적으로 2012년 대선 후보자 명단이 가시화된 2012년 6월 1일부터 대선

후 1년이 지난 2013년 12월 20일까지 정치 테마주의 수익률 흐름을 분석한 결과 후보 경선이 완료되고 출마 선언이 있던 2012년 9월 62.2퍼센트의 최고치를 기록한 후 대통령 선거일까지 하락 추세로 전환된 것을 알 수 있다. 그 결과 대선 전날까지의 수익률은 0.1퍼센트로 그간 주가 상승이 결국 제자리로 돌아갔다.

게다가 최고상승률(62.2퍼센트)을 세분해 보면, 흑자를 지속한 종목의 상승률이 23.0퍼센트인 데 비해 경영 실적이 부진했던 종목의 상승률이 오히려 39.2퍼센트로 더 높게 나타났다.

단기적으로는 테마에 의한 급등락,
장기적으로는 결국 회사 실적에 수렴

[그림2-11] 147개 정치 테마주의 수익률(2012.6.1~2013.12.20)　　　　자료: 금융감독원(www.fss.or.kr)

그러나 들불처럼 일어났던 갖가지 소문의 약발이 다하고 나면 결국 경영 실적에 따라 수익률에 차이가 나기 시작한다. 정치 테마주도 주가 상승의 근본은 경영 실적임을 보여준다. 실적 부진주는 대통령 선거 다음날 −6퍼센트의 수익률(2012년 6월 1일 대비)을 기록하면서 급격히 하락한 후 반등하지 못한 반면 흑자를 지속한 테마주는 주가에 큰 변동이 있었으나 결국 실적이라는 토대가 있었기에 2013년 12월 기준으로 10.2퍼센트의 수익률을 기록했다.

분석 기간 동안 개별 종목 최고가와 최종 가격을 비교해 본 결과 평균 주가는 최고가 대비 48퍼센트 하락한 것으로 나타났다. 이는 투자자들이 최고가에 투자했다고 가정할 경우 투자 원금이 반 토막 났다는 뜻이며 심지어 6개 종목은 80퍼센트 이상 하락하기도 했다. 그런데 특이한 점은 이들 6개 종목은 2012년 결산 및 2013년 9월 분기 결산에서 모두 적자를 기록한 종목이었다는 것이다.

게다가 정치 테마주 중 3분의 1인 무려 49개 종목에서 시세 조정과 부정 거래 혐의가 적발됐고, 이에 따른 피해 금액만 660억 원에 달했다. 정치 테마주로 부상한 종목에는 시세 조종 세력이 개입하는 경우가 많기 때문에 개인 투

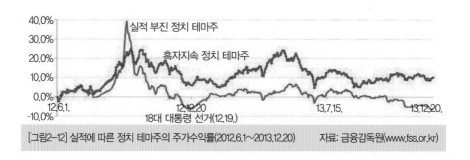

[그림2−12] 실적에 따른 정치 테마주의 주가수익률(2012.6.1~2013.12.20)   자료: 금융감독원(www.fss.or.kr)

자자는 특별히 유의할 필요가 있다는 것을 알 수 있다.

이처럼 정치 관련 테마주는 타이밍을 잘 맞춰서 치고 빠지면 화끈한 수익을 올릴 수 있겠지만 뒤늦게 들어가서 어떻게 되겠지 하고 안일하게 대처하다가는 반 토막은 기본이고 심하면 계좌가 거덜나는 깡통계좌가 될 확률이 매우 높다는 점을 유의해야 한다. 정치 테마주, 특히 대선 테마주는 타이밍과 대선 결과에 따른 희비쌍곡선이 크게 나타난다는 점을 염두에 두자.

유가증권시장보다
코스닥의 정치 테마주가 시세 조정 용이

정치 테마주로 분류해 분석한 종목을 보면 유가증권시장이 38개 종목인 데 비해 코스닥은 109개였다. 이를 보면 코스닥에 상장된 종목이 세력들이 시세 조정을 하기에 상대적으로 용이했다는 것을 알 수 있다. 왜냐하면 코스닥은 유가증권시장에 비해 상장 기준이 상대적으로 느슨하고 시가총액도 작기 때문이다. 따라서 코스닥 종목에 투자할 때는 이러한 테마주에 의한 시세 조종과 급등락을 주의해야 한다.

그렇다면 2017년 19대 대선 때는 18대와 비교해서 어떤 현상이 발생했을까?

[표2-2] 18대, 19대 대선 테마주 주가변동률

구분	18대 대선	19대 대선	증감
주가변동률	62.2%	25.0%	-37.2%

* 자료: 한국거래소

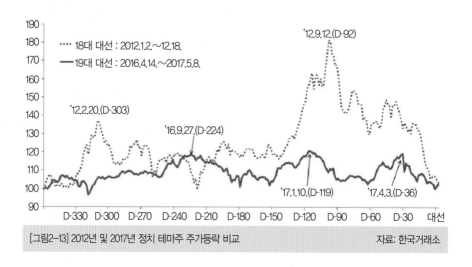

[그림2-13] 2012년 및 2017년 정치 테마주 주가등락 비교 　　　　　　자료: 한국거래소

18대 대선(2012년) 때는 정치 테마주 주가가 대선일 3개월 전까지 지속적으로 상승한 후 하락한 반면, 19대 대선(2017년) 때는 대통령 탄핵 등 정치적 이슈에 따라 대선 직전까지 등락을 반복하는 특징을 보였다. 18대 · 19대 대선 모두 선거일이 다가올수록 정치 테마주 주가는 급락해 기존 주가로 회귀했다.

[표2-3] 테마주와 일반 종목의 영업 실적 비교

구분	테마주(a)	일반종목(b)	비중(a/b)
매출액	728	1,117	65.2
영업이익	19	67	28.4
순이익	3	40	8.3

* 자료: 한국거래소, 단위: 억 원, %

[표2-3]을 보면 19대 대선 관련 코스닥 테마주는 일반 종목에 비해 영업 실적이 상당히 좋지 않은 것을 알 수 있다. 매출액은 일반 종목에 비해 65.2퍼센트에 지나지 않고 영업이익은 28.4퍼센트, 순이익은 8.3퍼센트에 불과하다. 회사 실적만 봐서는 주가 상승을 기대할 수 없음에도 테마주라는 이름으로 세력들이 시세 조정에 나섰고 묻지마 투자가 만연하면서 주가는 급등했다. 이후 테마가 사라지면 실적에 수렴해서 주가 거품도 빠지는 현상이 반복되고 있다.

이처럼 수익성과 안정성 면에서 검증되지 않은 종목은 단지 테마주라는 달콤한 이름만으로는 주가 상승을 지속하기 힘들다는 것을 알 수 있다.

결국 정치 테마주는 한발 빨리 치고 빠지면 화끈한 불꽃놀이가 가능하지만 뒤늦게 언론 보도나 소문을 듣고 들어가면 된통 당하고 나오기 쉽다는 특성이 있기에 신중한 투자 판단과 매매 시점 파악이 필요하다.

고수익과 큰 손실이라는
양면이 존재하는 우회상장

일반적으로 회사 자체를 신규로 상장하는 경우가 있는 반면, 기존에 이미 상장돼 있는 다른 회사의 이름을 빌려 상장하는 경우도 있다. 이를 우회상장이라고 한다.

우회상장이라는 이름의
'뒷문 상장'

우회상장은 원래 기존에 상장돼 있으나 성장이 한계에 달한 기업과 유망한 비상장 회사를 결합해 새로운 성장 동력을 창출하는 것이다. 즉, 젊은 피를 관록의 선배에게 수혈하면서 자연스럽게 두 회사의 장점을 살린다는 의미에서는 좋은 취지라고 볼 수도 있다. 그러나 이러한 우회상장이 편법으로 활용되면서 많은 부작용을 낳고 있다.

구체적으로 살펴보면 먼저 테마주라는 형태로 유행을 형성하고 이런 인기를 바탕으로 우회상장을 통해 단기간에 손쉽게 기업을 상장한다. 그런 뒤에 단기 시세 차익을 챙겨서 치고 빠지거나 경영권을 획득해 회사 자금을 불법·편법으로 운용하는 식의 머니게임으로 악용하기도 한다.

이 과정에서 시세 조작과 경영권 분쟁, 기업 부실화 등이 일어나며 많은 일반 투자자에게 피해를 주기도 한다. 최근에는 생명공학과 4차 산업혁명, 엔터테인먼트 등과 관련된 종목에서 테마주가 형성돼 이런 편법적인 우회상장이 이루어지고 있는데 특히 코스닥에서 이런 현상이 많이 발생하고 있다.

코스닥을 통한 우회상장이 유가증권시장보다 많은 이유는 코스닥이 벤처기업을 육성하겠다는 정책적 배려 아래에서 태동했기에 상대적으로 유가증권시장보다 등록 요건과 관리 제도가 덜 엄격하기 때문이다. 그래서 일부 우량 대형주를 제외한 많은 코스닥 종목이 상대적으로 작은 자본 규모, 시가총액으로 상장했기에 투기적인 목적의 머니게임에 쉽게 노출되고 있다. 또한 편법과 지분 싸움, 경영 악화 등으로 잦은 경영권 변동이 일어나기도 한다. 이는 고수익을 노리는 투자자에게는 기회이자 반대로 큰 손실이라는 위험이 동시에 도사리고 있다는 것을 의미한다.

골판지 만들던 회사가
일 년 만에 주가가 30배 뛴 사연

전혀 연관성 없는 분야로의 업종 전환은 주가에 어떤 영향을 줄까? 경험 부족을 우려한 악재일까, 나름 새로운 성장 동력 확보 차원에서 호재로 작용할까?

1984년에 설립된 산성앨엔에스는 원래는 골판지 제조회사다. 골판지를 비롯해 종이상자 가공 등 관련 사업을 중심으로 나름 성장세를 이어오다 2004년 창업주의 아들이 경영권을 물려받았다.

새로 취임한 회장은 사양길에 접어든 골판지 사업을 대신해 회사의 새로운 성장 동력으로 자리잡을 사업을 찾고자 고심했다. 그러던 중에 이 회사는 화장품과 의약품을 결합한 '코슈메디컬(화장품cosmetics과 의약품pharmaceutical의 합성어) 산업이 유망할 것이라 판단하고 2011년 11월 리더스코스메틱과 합병했다.

리더스코스메틱은 얼굴에 붙이는 마스크팩으로 유명한 회사로 중국에서 매출이 급증세였다. 회사명도 산성피앤씨에서 산성앨엔에스로 변경했는데 '삶(life)'과 '과학(science)'이라는 의미를 담아 골판지 제조사에서 생활 과학 업체로 이미지 변신을 꾀한 것이다(코스닥 시장 상장 회사 명칭은 '리더스코스메틱'이다). 그리고 어느 정도 시행착오를 겪으면서 이 분야의 매출을 늘려가기 시작했다.

한국무역투자진흥공사(코트라) 자료에 의하면 중국의 마스크팩 시장 규모는 약 300억 위안(5조2500억 원)이며 앞으로도 지속적으로 성장할 것으로 전망되고 있다. 이 회사의 마스크팩 판매량은 2위와 압도적인 차이를 보이고 있다. 알리바바의 중국 최대 온라인쇼핑몰 '타오바오'의 마스크팩 부문에서 2014년 10월 이후 해당 부문 1위를 기록했다. 이런 성과 덕분에 산성앨엔에스의 매출액은 1년 만에 3배 가까이, 영업이익은 무려 10배나 늘었다.

이런 실적을 등에 업고 2014년 초까지만 해도 3000원대 초반에 머물던 이 종목은 하반기부터 급등하기 시작해 연말에는 2만6000원대의 고점을 찍었다. 이런 기세는 이듬해에도 이어져 2015년 6월에 12만 원을 돌파하면서 30배 이상이나 폭등하는 엄청난 시세를 분출하기도 했다. 하지만 그 이후 주가는 하

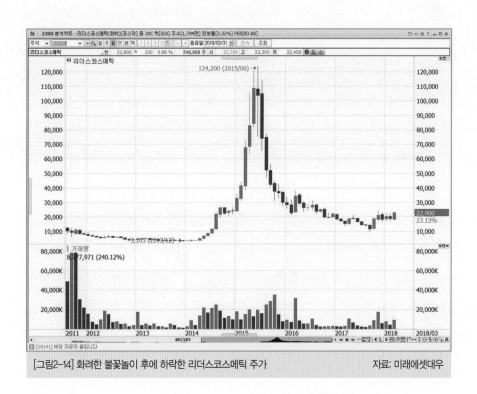

[그림2-14] 화려한 불꽃놀이 후에 하락한 리더스코스메틱 주가   자료: 미래에셋대우

락세로 이어져 2018년 3월에는 2만 원대까지 주저앉았다.

이 종목은 사양 산업인 골판지 회사에서 초고속 성장 산업인 코슈메디컬 사업으로 사업을 확장했고, 이것이 신의 한 수로 작용해 회사의 실적 향상과 엄청난 주가 상승으로 이어졌다. 매력 없어 보이는 사양 산업인 골판지를 만들던 회사가 마스크팩을 만드는 화장품 회사를 인수 합병함으로써 신데렐라가 된 것이다. 하지만 그 이후 화장을 지운 민낯(?)이 드러나면서 주가에 거품이 빠지고 실적에 수렴하는 가격대로 회귀했다.

게임 회사로 살짝 얼굴 바꿨더니
8배나 인기 폭등

룽투코리아는 원래 아이넷스쿨이라는 이름으로 인터넷 교육 소프트웨어를 개발·공급·서비스 하던 회사로 1999년 11월에 설립돼 2002년 1월에 코스닥에 상장됐다. 이 회사의 사업은 초·중·고등학생을 대상으로 온라인 강의 서비스를 제공하는 온라인 교육 사업, 자기주도학습의 온라인 교육 및 중국 교육 서비스를 제공하는 학원 교육 사업, 중국 내의 교육 사업에 투자하는 사업으로 구성돼 있다.

중국의 사교육 시장은 지속적으로 확대되고 있으며 향후 성장 잠재력이 매우 높다. 이런 점을 보고 이 회사는 북경과 상해에 진출하고자 콘텐츠를 보유한 기존 교육 업체를 인수하는 등의 행보를 이어갔다.

하지만 2010년부터 2014년까지 5년 동안 2011년 한 해만 빼고 영업손실을

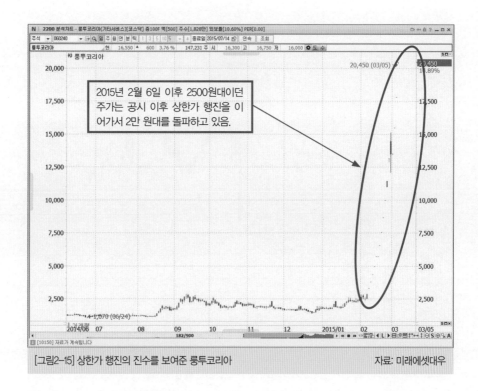

2015년 2월 6일 이후 2500원대이던 주가는 공시 이후 상한가 행진을 이어가서 2만 원대를 돌파하고 있음.

[그림2-15] 상한가 행진의 진수를 보여준 룽투코리아　　　　자료: 미래에셋대우

기록했고 매출액도 2012년을 기점으로 계속 하락세를 이어가고 있다.

　그러던 이 회사에 반전의 계기가 찾아왔다. 2015년 2월 6일 룽투게임즈 홍콩 법인이 제3자 배정 유상증자를 통해 아이넷스쿨의 최대주주가 된다는 소식이 공시된 이후 주가가 크게 올랐다. 이후 룽투게임즈는 아이넷스쿨을 자회사로 인수하면서 사실상 국내 증시에 우회상장했고 상한가 행진을 이어가면서 무려 8배나 폭등한다.

　2008년에 설립된 룽투게임즈는 웹게임, 모바일게임 개발과 퍼블리싱(유통·운영) 등의 사업을 하는 회사인데 2014년 '도탑전기'의 중국과 대만 퍼블

[그림2-16] 고점을 찍고 하락세를 이어가는 룽투코리아 주가　　　　　　　　자료: 미래에셋대우

리싱을 맡아 중국 모바일 게임 시장에서 4개월 동안 1위를 차지했고 대만 모
바일 게임 시장에서도 1위를 차지했다.

　하지만 교육 업체에서 게임 업체 자회사로의 갑작스러운 변화와 한국과 중
국 기업이라는 이질적인 문화가 불안 요소로 작용하면서 이 종목은 단기 급
등 후 폭락한 후 횡보로 이어지는 움직임을 보였다. 2015년 2만3000원대를 넘
기던 주가는 이후 지속적으로 저점을 낮춰가서 2018년 3월에는 6000원까지
하락했다.

이처럼 사업 제휴나 인수, 우회상장이 발생하면 기대감에 단기간 동안 주가가 상승할 수 있지만 결국 실적이 확인되지 않은 상태라면 지속적인 상승을 이어가기는 어렵다. 실적에 의한 수익성과 안정성이 담보되지 않은 채 '화장빨'만으로 주가를 끌어올렸다면 오래 버티기 힘들다는 말이다.

채권, 예금? 주식 투자로 종자돈 모아 제2의 인생을 산다

최근에 생활하면서 피부로 느끼는 실질적인 체감물가 상승률은 어떠한가? 돈 몇 만 원 들고 시장 가봐야 식구들 반찬거리로 살 수 있는 것은 별로 없고 썰렁한 장바구니만 들고 터벅터벅 되돌아오게 된다. 직장 동료나 친구에게 간단하게 술 한 잔 사려 해도 몇 만 원으로는 티도 내지 못한다. 자녀가 있는 사람이라면 늘어나는 양육비와 사교육비 감당하기에도 허리가 휘어지는 것이 우리네 현실이다.

이렇게 피부로 느끼는 생활물가는 계속 올라가는데 실질금리가 물가상승률보다 낮은 마이너스 금리 시대에 우리는 살고 있다. 아무 생각 없이 은행에 돈을 맡기면 시간이 갈수록 원금이 늘어나기는커녕 물가상승률을 감안하면 오히려 손해를 보는, 믿지 못할 현상이 벌어지고 있는 중이다.

1000만 원에서 나오는 이자로는
치맥 한 번 사먹으면 끝

최근 20여 년간 우리나라 금리는 IMF 때를 제외하고는 [그림2-17]에서 보듯이 두 자리 숫자에서 한 자리로 지속적으로 하락했다. 금리가 이렇게 낮다 보니 0.1퍼센트라도 더 금리가 높은 금융 상품을 비교 소개하는 재테크 정보에 사람들은 귀를 기울인다.

허나 이는 이미 목돈을 가지고 있는 부자한테 유용한 정보다. 목돈이 없는 사람한테는 그다지 실질적인 도움이 되지 못한다는 것을 알아야 한다. 여윳돈 10억 원을 가지고 있는 사람한테야 금리 0.1퍼센트 차이가 100만 원 차이지만 1000만 원밖에 없는 사람에게는 1만 원 차이일 뿐이다.

평범한 서민이 1000만 원의 여윳돈을 만들려면 생각보다 많은 시간과 노력을 들여야 한다. 그런데 겨우 연간 이자 1만 원 높이자고 시간과 노력을 다시 들일 수는 없는 노릇이다.

1000만 원을 은행에 맡기면 한 달에 2~3만 원 받을 수 있다는 이야기이다. 빠듯한 월급으로 1000만 원을 모으려면 얼마나 피나는 노력과 시간이 들어 가는지는 모두 뼈저리게 느끼고 있을 것이다. 그런데 그렇게 모은 피 같은 돈을 불려달라고 은행에 맡겼더니 한 달에 치맥(치킨+맥주) 한 번 먹으면 끝나버리는 돈을 이자라고 준다. 치맥 한 번 먹자고 그렇게 고생했는지…… 시간과 노력이 너무 아깝다.

〈1995년~2005년〉 * 자료 : 한국은행

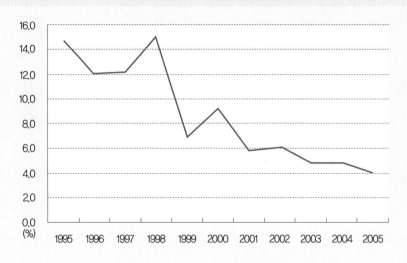

〈2007년~2017년〉 * 자료 : 금융투자협회

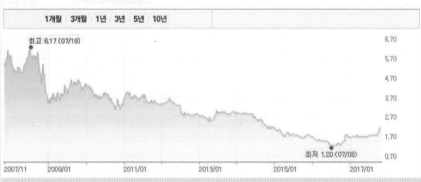

[그림2-17] 최근 20여 년간 금리 추이(3년 만기 국고채 기준)

실질금리 제로 시대,
저축으로 목돈 만들기는 추억일 뿐

이제 은행은 돼지 저금통처럼 돈을 잠시 맡아두는 금고 역할을 할 뿐이다. 돈을 불려서 되돌려주는 것을 기대할 수가 없게 되었다. 현실이 이런데도 불구하고 아직도 많은 사람들이 별생각 없이 은행 금리만으로 자산을 불릴 수 있을 것이라 착각하면서 돈을 은행에 맡기고 있다.

이미 많은 돈을 가지고 있는 부자가 안정적인 자산 운영과 위험 분산 차원에서 은행에 예금하는 것은 이해가 가지만 가진 것 없는 서민이 은행을 통해 돈을 불리겠다고 생각하는 것은 시대 착오라고 말해주고 싶다. 마이너스 금리 시대에 은행 금리로 재테크를 하다가는 앞으로 나아가기는커녕 제자리 걸음조차 못하고 오히려 후퇴할지도 모른다.

『이상한 나라의 앨리스』의 속편 『거울 나라의 앨리스』에는 마치 에스컬레이터를 뒤로 타고 있는 것처럼 뒤로 움직이는 땅이 나온다. 이런 땅 위에 있으면 가만히 서 있기만 해도 뒤처지는 셈이다. '가만히 있어도 뒤처지는 것', 이것을 붉은 여왕의 역설이라고 한다.

지금과 같은 시대에 뒤로 가는 땅의 속도는 물가상승률과 같다. 내가 최소한 물가상승률과 같은 속도로 걸어야 겨우 '제자리'에 있는 것이다. 현재 은행의 이자율은 물가상승률에 조금 못 미친다. 은행이 돈을 맡기면 조금 천천히 뒤처지고 있는 것이다. 최소 6퍼센트의 수익률에는 맞춰야 앞으로 한 발자국이라도 나아갈 수 있다.

한국투자증권과 삼성증권은 앞으로 10년 동안 꾸준히 주식에 투자한다면

연 7퍼센트의 수익률을 올릴 수 있다고 추정했다. 이들이 추정한 물가상승률은 2퍼센트, GDP 증가율은 3퍼센트였다.

이제 여러분에게 필요한 것은 바닥이 새는 저금통이 아니라, 시중금리보다 훨씬 많은 투자 수익을 복리로 누적시켜, 눈덩이처럼 커진 멋진 자산을 여러분에게 안겨 줄 진정한 재테크 수단이다.

4차 산업혁명, 남북경제협력 시대, 인생에 혁명을 가져다 줄 마지막 기회

증권시장과 부동산 시장은 우리나라 경제 상황에 따라 어느 정도 비슷하게 움직이는 것 같지만 자세히 살펴보면 둘 사이에는 시간적 편차가 있거나, 각자 움직이기도 한다. 그래서 어느 정도 목돈을 모으고 나면 자산을 분산투자하는 것도 나쁘지 않다.

특히나 우리나라 사람은 부동산에 대한 집착이 매우 강하다. 자기 이름으로 된 집 한 채는 있어야 심리적으로 안정이 되는 경향이 있다. 물론 투자 효율성이라는 면으로만 판단하면 비판적인 부분도 있지만 이런 정서적 안정감도 무시 못할 요소 중 하나이므로 어느 정도 자산 규모가 되면 부동산으로 분산투자 해보는 것도 괜찮다.

부록 1에서 설명한 것처럼 예전에 몰랐던 숨은 진주가 우량주가 돼 70배의 수익을 안겨 주듯이 4차 산업혁명 시대를 맞아 수많은 숨은 보석이 향후에 여러분에 수십 수백 배의 수익의 기쁨을 안겨줄지도 모른다. 이 기회를 잡는다면 여러분은 향후에 꿈을 이루며 사는 제2의 인생을 누리게 될 것이다.

주식 투자는 자산을 불리는 수단이지 그 자체가 목적이 될 수는 없다. 주식 투자로 자산을 불려 삶의 여유를 만들고 진정으로 자신이 하고 싶은 일에 도전하는 것이 제대로 사는 인생일 것이다. 우리나라는 경쟁이 너무 치열해서 정신 없이 앞만 보고 달려가는 것이 문제다. 어느 정도 자리가 잡히면 자신의 인생을 돌아보고 진정한 삶의 가치를 찾는 것도 인생의 한 부분이라고 생각하자. 가령 취미 생활을 좀 더 발전시켜 창업을 하거나 평소에 하고 싶던 일에 도전해 보는 등, 인생을 즐기고 여유 있게 사는 것이 정신 및 육체 건강에 도움이 될 것이다.

성장 산업 투자 유망 종목 선정과 매수 매도 실전 · 전략

수익성 · 안정성 · 성장성 3분할 분석으로 종목 선정,
순매매 동향 교차로 매매 시점 확인

어떤 종목을 투자 유망 종목으로 선정해야 할까?

수익성/안정성/성장성 3가지 요소로 분석해서 평가하면 종목을 객관적으로 판단할 수 있다.

여기에 개인과 외국인의 순매매 그래프가 교차하는 시점을 확인하면 매수/매도 타이밍을 알 수 있다.

- 개인이 팔고 외국인이 사면 매수 관점에서 바라봐야 할 시점
- 개인이 사고 외국인이 팔면 매도 관점에서 바라봐야 할 시점
- 개인과 외국인의 순매매 그래프가 교차하면 확실한 매수/매도 시점

매수/매도의 타이밍은 다양한 변수가 작용하지만 결국 개인과 외국인의 순매매 그래프 교차 신호를 보고 판단하면 거의 높은 확률로 들어맞는다.

chapter 01

건강 · 치아 · 엔터테인먼트 등
생활 밀착형 성장 종목 선정과 매매포인트

세계가 인정하는 임플란트 시장의 강자
– 오스템임플란트

회사개요

- 1997년 1월에 설립돼 치과용 임플란트와 치과용 소프트웨어 제조, 판매가 주요 사업이며 동사를 제외하고 22개의 해외 법인과 8개의 국내 법인 계열회사를 가지고 있음
- 치과용 임플란트 사업과 치과용 소프트웨어 사업을 병행하는 유일한 기업이며 해외 유수 기업과 판매 계약을 맺고 치과 기자재 수입 판매와 반제품 및 원재료 수출, 용역 매출 사업도 영위 중
- ISO9001 인증과 CE 마크 획득을 시작으로 많은 나라에서 인증을 획득했으며 12년에는 TSⅢ CA 제품을 출시해 안전성과 품질을 세계적으로 인정받고 22개 해외 법인과 해외 딜러 등을 통해 전 세계에 공급 중임
- 2017년도에는 고객인 치과의사와 최종 소비자인 일반인을 대상으로 브랜드 차별화를 목적으로 적극적인 홍보 활동을 전개하고 거래처와의 밀착 영업을 심층적으로 진행하고 있으며 AIC 교육을 꾸준히 진행해오고 있음
- 매출 구성은 치과용 임플란트 78.43퍼센트, 치과용 기자재 18.02퍼센트, 교육, A/S 2.02퍼센트, IT 소프트웨어 1.29퍼센트, 서적 등 0.23퍼센트 등으로 구성

평균 수명이 늘어나고 소득이 증대하면서 사람들의 관심은 삶의 질에 쏠렸다. 삶의 질을 높이는 데 영향을 많이 주는 분야 중 하나가 바로 치아(임플란트)다. 전 세계적으로 노년 인구가 지속적으로 증가하고 4차 산업혁명의 생산성 향상 덕분에 늘어난 소득 수준은 결국 삶의 질을 향상시키고 싶은 욕구로 이어진다. 인간에게 크나큰 즐거움 중 하나는 먹는 것이다. 결국 임플란트 수요는 계속 늘어날 수밖에 없다.

오스템임플란트는 국내 최초의 임플란트 제조 회사이며 매출액 기준으로 아시아·태평양 1위, 세계 6위다. 70개 국가 이상에서 제품이 사용되고 있으며 24개 국가에 현지 법인을 운영 중에 있다.

지속적인 임플란트 수요 증가로
성장일로를 걷는 오스템임플란트

임플란트 제조 회사는 기존에 스위스와 스웨덴, 그리고 미국 기업이 주류

[표3-1] 오스템임플란트 최근 주요 재무제표

구분	2014년	2015년	2016년	2017년	2018년
매출액	2386	2777	3445	3977	4548
영업이익	288	333	342	217	356
순이익	136	163	203	56	106

* 단위: 억 원, * 자료: 금융감독원 전자공시시스템(DART)

를 이루었다. 의료 기기 시장은 대부분 다국적 기업이 과점 체제를 유지하고 있기에 후발 주자인 국내 기업은 상대적으로 틈새시장을 찾아야 했다. 국내 최초로 오스템임플란트가 임플란트라는 틈새시장을 발견하고 출사표를 던졌다. 그 결과 이 회사는 국내 임플란트 시장 1위 기업이 됐고, 글로벌 시장점유율 6위, 아시아 시장 1위에 올랐다.

2013년 2000억 원을 넘긴 매출액은 4년 만인 2017년에 4000억 원에 달하면서 두 배 성장했고 2018년에는 4500억 원을 넘기는 등 증가일로에 있다. 영업이익과 순이익도 각각 1.5~2배가량 늘어났다. 게다가 2018년에는 국내 시장에만 머물지 않고 글로벌 시장에 적극 진출해서 해외 시장에서의 매출이 더 큰 것이 특징이다([표3-2] 참조). 다만 이런 공격적인 경영 전략 탓에 수익률이 매출액 증가 대비 다소 주춤한 점이 옥의 티다.

지속적인 성장세를 바탕으로 2012년 1만 원대에 머물던 주가는 2016년에 8만 원대를 돌파하기도 했다. 하지만 2017년의 실적은 증가세가 한풀 꺾이는 모습을 보였으며 자본 대비 부채 비율도 조금 상승하면서 숨 고르기를 하는 모습이다. 이에 상응해 주가도 2018년부터 주춤하고 있다.

[표3-2] 오스템임플란트 국내, 해외 매출 비중

구분	매출액(억 원)	비율(퍼센트)
국내	1992	48
해외	2171	52

* 단위: 억 원, * 자료: 금융감독원 전자공시시스템(DART)

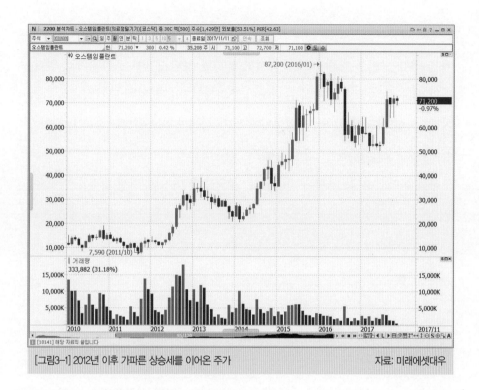

[그림3-1] 2012년 이후 가파른 상승세를 이어온 주가　　　　　　자료: 미래에셋대우

투자 유망 종목도 맑은 날과 흐린 날 있어, 흐린 날 기다리면 저점 매수 기회

성장성과 수익성이 좋은 종목은 주가가 계속 상승하기에 한 번 시기를 놓치면 중간에 들어가기가 만만치 않다. 그렇다면 손 놓고 바라만 봐야 할까?

유망 종목이라고 해서 항상 상승만 하지는 않는다. 맑은 날이 있으면 흐린 날도 있는 법. 오스템임플란트 역시 맑은 날이 지속되다 흐린 날을 만났다.

지나친 주가 상승에 대한 우려감과 함께 임플란트 시장의 성장세가 다소 둔화된다는 전망까지 나오면서 조정 국면에 들어갔다. 거기에 중국과 사드 문제로 갈등이 고조되고 경제 보복이 잇따르면서 2016년 초에 8만7000원대를 찍은 주가는 이후 하락세로 돌아서서 2017년 상반기까지 흘러내리고 있다. 해외 매출 중 중국이 차지하는 비중이 35퍼센트가량 됐기에 단기적으로 타격이 커서 실적 전망이 어두웠다. 이에 투자 심리가 위축됐다(중국 임플란트 시장점유율은 오스템임플란트가 19퍼센트로 1위임).

바로 이때가 저점 매수 구간이었다. 중국과의 마찰이 평생 갈수도 없고 이후 문재인 정부가 선거공약으로 임플란트 보험 확대를 약속했기에 중장기적으로는 당장의 악재를 충분히 극복할 여지가 있었기 때문이다.

조정 국면 이후 문재인 정부 정책과
중국과의 해빙 무드로 맞이한 주가 상승기

2016년 조정 국면이던 주가가 2017년 하반기에 정부의 임플란트 혜택 확대와 중국과의 관계 개선 기대감에 힘입어 상승세로 돌아섰다([그림3-2]). 이 무렵이 매수 시점이었다. 그런데 정확하게 언제 매수에 나서야 할까? 그리고 그 시점을 어떻게 확신할 수 있을까?

이럴 때 '순매매 크로스'를 확인하면 정확하고 안전하게 매수 시점을 알 수 있다. [그림3-3]을 보면 2017년 7월 말경 개인과 외국인의 순매매 그래프가 교차하면서 매수 신호를 보내고 있다. 이때가 바로 매수 시점이다. 이후 지수는 고점을 높여가면서 상승했다. 매수 신호를 따라 4만5000원대 부근에서 매수했다면 최고가 7만5000원까지 주가가 상승하는 즐거움을 맛볼 수 있었다.

[그림3-2] 조정 국면 이후 상승세로 돌아서는 주가   자료: 미래에셋대우

이 종목이 상승하는 초기부터 동참하지 못했다 하더라도 이처럼 조정 국면에서 매매 신호를 포착하면 얼마든지 달리는 말에 안전하게 올라탈 수 있다.

전 세계적인 고령화와 4차 산업혁명에 의한
삶의 질 향상은 임플란트 수요 증대 요인

글로벌 시장 조사 업체인 MRG에 의하면 2016년 세계 치과용 임플란트 시장 규모는 약 48억8000만 달러로 추정된다. 연평균 8.2퍼센트씩 성장해 2023

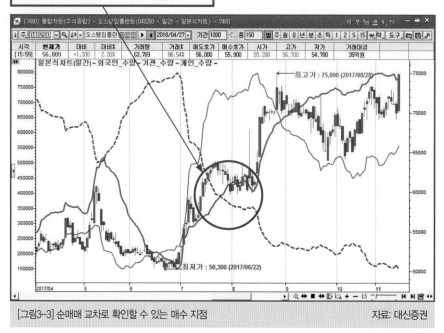

2017년 7월말 경에 개인과 외국인의 순매매 그래프가 교차하면서 매수 신호를 보내고 있음. 이때가 매수 시점임. 이후 주가는 상승함.

[그림3-3] 순매매 교차로 확인할 수 있는 매수 지점　　　　　자료: 대신증권

년에는 70억3000만 달러에 이를 것이라 전망하고 있다. 국가별로는 미국이 전 세계의 22퍼센트를 차지하는 최대 시장이고 독일(12퍼센트), 한국(11퍼센트), 중국(9퍼센트), 일본(9퍼센트) 등이 그 뒤를 잇고 있다.

특히 중국은 연간성장률이 20퍼센트에 달하는 등 시장 규모가 급속도로 커지고 있고 매년 30퍼센트 이상 임플란트 수입 신장세를 지속하고 있다. 2016년 한 해 동안 중국의 임플란트 수입 규모는 2억 달러(한화 약 2200억 원)로 전년 대비 32퍼센트 증가했다. 그중에 오스템임플란트를 포함한 글로벌 상위 6대 업체의 비중이 90퍼센트에 달한다.

국내 임플란트 시장 규모는 2억6000만 달러로 추정되고 연평균 4.2퍼센트

[그림3-4] 조정국면 이후 상승세로 돌아서는 주가　　　　　자료: 대신증권

씩 성장하면서 2023년에는 3억3000만 달러를 넘어설 것으로 전망되고 있다. 특히 문재인 정부의 의료 관련 공약이 확대 시행되면서 향후 지속적인 수혜를 볼 것으로 예상된다. 치과용 임플란트는 지난 2014년부터 건강보험 대상에 포함됐고, 2016년에는 급여 적용 대상이 75세에서 65세 이상으로 확대됐으며, 2017년 7월부터는 본인부담금이 기존의 50퍼센트에서 30퍼센트로 줄어들었다.

이후 이 회사는 공격적인 경영 전략으로 해외 수출 비중이 늘어나는 등 규모 면에서는 성장했지만 내실 면에서 실적성장률이 둔화되면서 주가는 하락세로 전환돼 소강상태를 이어오고 있다.

2017년 연말 이후 개인과 외국인의 순매매 그래프가 교차하면서 매도 신호를 보내고 있음. 매도 시점임. 이후 주가는 조정 국면을 맞음.

[그림3-5] 실적둔화로 매도 신호를 낸 후 조정 국면의 최근 주가

자료: 대신증권

투자판단 요약
(★5개 만점 기준)

재무제표상 최근 몇 년간 견고한 흐름을 이어왔으나 2017년 기준 영업이익과 순이익이 줄었고, 자본금 대비 부채 비율도 다소 증가했다는 점이 아쉽다. 이런 현상은 2018년에도 이어졌다. 따라서 성장성은 매우 높지만 수익성과 안정성은 단기적인 관점에서 개선돼야 할 여지가 있다.

– 수익성: ★★★★

– 안정성: ★★★★

– 성장성: ★★★★★

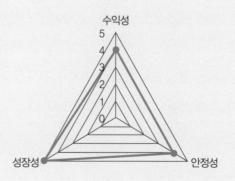

세계적인 바이오 복제약 전문기업
– 셀트리온

회사개요

- 1991년 설립돼 2005년 코스닥에 상장됐으며 단백질 의약품의 연구, 개발 및 제조를 주요 사업으로 하는 기업
- 생명공학 기술 및 동물세포 대량 배양 기술을 기반으로 항암제 등 각종 단백질 치료제를 개발, 생산하는 것을 목적 사업으로 영위함
- 램시마는 세계 최초의 단일클론항체 바이오시밀러이자 자가면역질환 치료제로, 한국식약처(MFDS), 유럽연합 집행위원회(EC), 캐나다, 일본 후생성, 2016년엔 미국 FDA의 판매 승인을 득함
- 혈액암 치료제 트룩시마(CT–P10)는 2016년 11월 한국 식약처, 2017년 2월 유럽 EMA에서 판매 허가를 취득해 2017년 4월부터 유럽 국가에서 판매를 시작했으며, 미국 등 글로벌 시장으로 확대 예정
- 매출 구성은 CT–P13 바이오시밀러 외 83.48퍼센트, 고덱스 외 9.45퍼센트, 용역 5.1퍼센트, 램시마 외 1.8퍼센트, 기타 0.17퍼센트 등으로 구성

우리나라 바이오의약품 수출 실적의 60퍼센트를 차지하는 셀트리온

셀트리온은 바이오 복제약 1위 기업으로 2017년 미국과 유럽에서 9500억 원의 바이오시밀러(바이오 복제약) 매출을 올린 기업이다. 이 종목은 지속적인 주가 상승으로 시가총액 13조 원을 돌파하면서 코스닥 시가총액 1위에 올라섰다. 이후 2018년 2월 유가증권시장으로 이전 상장했고 4월에는 유가증권시장에서도 시가총액 기준 10위권 안에 들 정도로 계속해서 덩치를 키우고 있다.

이 회사의 주요 매출 품목 중 다국적 제약사 얀센의 자가면역질환 치료제 '레미케이드'의 바이오 복제약인 '램시마'는 2018년 미국 시장점유율 30퍼센트, 로슈의 혈액암 치료제 '리툭산'의 바이오 복제약인 '트룩시마'는 유럽 시장 점유율 50퍼센트에 달하고 있다. 램시마의 2016년 수출 실적은 6억3569만 달러(약 7377억 원)로 2015년 4억3932만 달러(약 4970억 원) 대비 45퍼센트가량 증가했는데 이는 우리나라 전체 바이오 의약품 수출 실적 10억6397만 달러(1조 2346억 원)의 60퍼센트를 차지하는 비중이다.

수익성 · 안정성 · 성장성 모든 면에서 탁월한 실적을 보여주는 우등생

[그림3-6]에서 볼 수 있듯이 2012년부터 매출액을 비롯한 주요 항

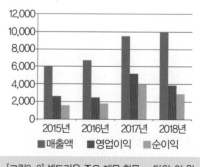

[그림3-6] 셀트리온 주요 재무 항목   단위: 억 원

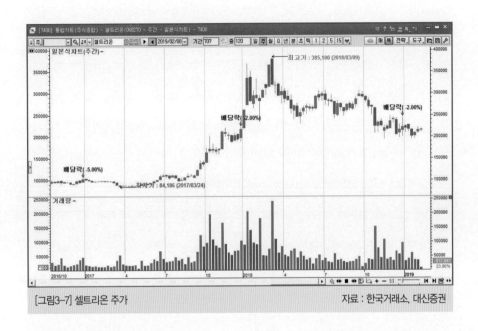

[그림3-7] 셀트리온 주가   자료 : 한국거래소, 대신증권

[표3-3] 셀트리온 수익성/안정성 지표

구분	2015년	2016년	2017년	2018년
영업이익률(퍼센트)	42.92	37.24	55.00	38.96
순이익률(퍼센트)	26.23	26.91	42.22	29.05
부채 비율(퍼센트)	51.85	37.43	34.50	29.73

* 단위: 억 원, * 자료: 금융감독원 전자공시시스템(DART)

목이 꾸준한 성장세를 이어오고 있다. 2012년에 3000억 원대이던 매출액은
2016년에 6000억 원을 돌파하고 2017년과 2018년에는 1조 원에 육박하고 있
다. 영업이익률은 2015년 42퍼센트에서 2017년에 55퍼센트로 상승했고 순이
익률도 같은 기간 26퍼센트에서 42퍼센트로 급증하면서 엄청나게 '남는 장

사를 하고 있다. 상장 회사의 이익률이 평균 한자리 숫자에 머물고 있는 것과 비교하면 그야말로 알짜배기 사업인 셈이다. 게다가 부채 비율은 51퍼센트에서 34퍼센트로 감소하면서 안정성 면에서도 탁월한 성적을 보여주고 있다. 2018년 성적은 생산 시설 증설에 투자하면서 조금 주춤하지만(부채 비율은 29.73퍼센트로 더욱 낮아짐) 이는 2019년 이후 다시 비약적으로 실적이 증가하는 데 필요한 밑거름이 될 것으로 예상하고 있다.

이런 실적에 힘입어 2013년에 4만 원 대를 넘나들던 주가는 꾸준히 상승세를 이어오며 2018년 3월에는 한때 38만 원을 돌파하는 등 9배나 급등하기도 했다.

유가증권시장으로 이전 상장은
단기적으로 주가에 큰 호재로 작용

특히 2017년 10월 들어서면서 주가는 14만 원대에서 순식간에 급등하며 20만 원대를 돌파했다([그림3-8] 참조). 이 종목에 투자하고 있지 않았다 하더라도 이 기간에 매수했더라면 적지 않은 수익이 가능했을 것이다. 기업 실적에 맞춰 주가도 같이 상승하다가 마치 폭죽 터지듯이 활활 타오른 이유는 무엇일까?

코스닥에 상장돼 있던 셀트리온은 유가증권시장으로 이전 상장을 한다고 2017년 9월 29일에 발표한다. 이 발표 이후 회사 인지도와 신뢰도가 상승할 것이라고 투자자가 기대하기 시작하면서 주가가 급등했다. 유가증권시장으로의 이전 상장이 곧 효과 좋은 호재로 작용한 것이다. 이처럼 이전 상장 소식은 단기적으로는 주가에 우호적으로 반영된다.

N | 2200 분석차트 - 셀트리온(제약)[코스닥] 종 20A 액[1,000] 주수[12,264만] 외보율[25.48%] PER[114.73]

2017년 9월 29일 이전 상장 발표 이후 주가가 급등하고 있음.

208,500 (10/18)

셀트리온

176,100
2.09%

101,200 (08/04)

거래량
2,574,222 (240.56%)

2017/06 07 08 09 10 11 11/03

[그림3-8] 유가증권시장으로 이전 상장 결정 발표 이후 급등하는 주가   자료: 미래에셋대우

세계적인 외국계 투자은행의 연이은 부정적 보고서는
마른 하늘에 날벼락

20만 원대를 돌파하면서 승승장구하는가 싶던 지수는 2017년 10월 18일 이후 갑자기 급락하면서 한때 16만 원대까지 밀리고 만다. 갑자기 왜 이렇게 하락한 것일까? 어떤 악재가 이 종목의 주가를 흔들어 댄 것일까?

외국계 투자은행(IB)인 모건스탠리가 10월 18일 셀트리온 기업분석보고서에 투자 의견을 '비중 축소'로, 목표 주가를 '8만 원'으로 제시하는 등 상당히 부정적인 내용을 기재했다. 당시 주가의 절반에도 미치지 못하는 목표 주가

2017년 10월 18일 장 초반 20만 원대를 돌파한 지수는 부정적 분석보고서 이후 17만 원 전후로 하락함.

[그림3-9] 모건스탠리 부정적 보고서 이후 셀트리온 주가

자료: 미래에셋대우

를 제시하면서 카운터 펀치를 날린 것이다. 이런 부정적인 내용의 근거는 셀트리온의 미국·유럽 시장 진출 목표가 비현실적이라는 이유에서다. 이후 24일과 25일에도 목표 주가를 8만 원으로 유지한 보고서를 잇달아 내놓는 등 셀트리온에 대한 비판적인 견해를 유지했다.

이 보고서가 발표된 이후 셀트리온의 주가는 [그림3-9]에 보이듯이 순식간에 20만 원대에서 16만 원대로 곤두박질쳤다. 외국계 증권사의 부정적인 보고서가 주가에 큰 악재로 작용한 사례다. 그런데 모건스탠리의 셀트리온 공매도 잔고를 보면 상장 주식수 대비 0.5퍼센트 이상인 '공매도 잔고 대량보유

자'였다(공매도는 주가가 하락하면 수익이 나는 투자 방식이다).

이를 근거로 인터넷 투자자 모임에서는 모건스탠리를 성토하는 분위기가 들끓기도 했다. 일각에서는 모건스탠리가 셀트리온에 불리한 보고서를 이용해 공매도로 주가 하락에 따른 수익을 챙기려고 악의적으로 작업한 것이 아닌가 하는 의구심을 갖기도 했다. 실제로 셀트리온 공매도 거래 대금을 살펴보면 첫 보고서가 나오기 전날인 17일 752억 원으로 사상 최대치를 기록했고 25일에도 647억 원에 달하는 등 공매도 과열 종목 지정 이후에도 공매도 거래가 활발하게 이루어졌다.

순매매 차트 교차로 확인할 수 있는
셀트리온 매매 포인트

2017년 9월 초순, 이전 상장 발표 전에 이미 개인과 외국인의 순매매 동향이 교차하면서 주가가 12~13만 원대를 형성하고 있을 때 매수 신호를 보내고 있다. 이후 39만 원의 고점을 찍고 하락세로 돌아서는 무렵에 개인과 외국인의 순매매 동향이 교차(개인 매수, 외국인 매도)하면서 주식을 팔아야 하는 시점을 알려주고 있다. 이때 팔고 나왔다면 대략 35만 원대이므로 약 세 배 가까운 수익을 거둘 수 있었다.

매도 신호 이후에는 [그림3-11]에서 보듯이 주가는 지속적으로 하락세를 면치 못하고 있다. 2019년 들어서도 힘을 못쓰고 소강상태를 보이고 있다.

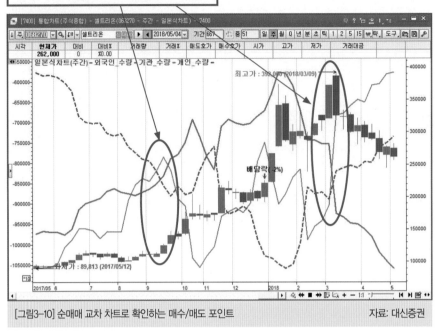

2017년 9월 초순 순매매 차트가 교차하면서 매수 신호, 2018년 3월 초에 매도 신호를 보내고 있음.

[그림3-10] 순매매 교차 차트로 확인하는 매수/매도 포인트

자료: 대신증권

4차 산업혁명 바이오 관련 대표 종목도
호재에 급등, 악재에 급락한다

셀트리온은 2017년 11월 3일 미국 제약사 '박스터'의 위탁생산(CMO) 사업 부문 계열사 '박스터 바이오파마 솔루션(BPS)'과 바이오시밀러 완제 의약품에 대한 위탁 생산 계약을 체결했다고 밝혔다. 램시마의 미국 시장점유율이 빠른 속도로 높아지자 미국 내에 제품을 안정적으로 공급하고자 미국 현지 기업에 램시마 완제 의약품 생산을 맡기기로 한 것이다. 세계에서 가장 큰 바이오 의 약품 소비 시장인 미국에 생산 거점을 확보한 셈이다. 향후에 '트룩시마'와 '허 쥬마'가 미국 FDA 승인을 받으면 위탁 생산 품목을 확대해 나갈 계획이다.

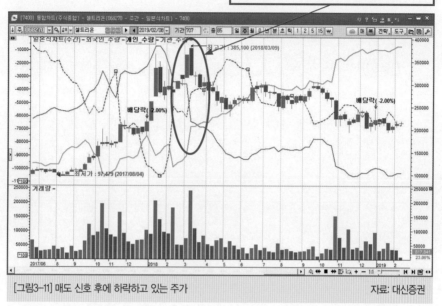

매도 신호 후에 주가는 지속적으로 하락한 후에 2019년에도 소강상태를 보이고 있음.

[그림3-11] 매도 신호 후에 하락하고 있는 주가

자료: 대신증권

　이 외에도 셀트리온 이사회는 2021년까지 단계적으로 14만 리터를 생산할 수 있는 송도 공장을 총 31만 리터 규모까지 확충키로 결의했다. 이에 따라 약 3200여 억 원을 투자해 5만 리터 규모의 1공장을 10만 리터 규모로 증설하는 한편 12만 리터 규모의 3공장을 신설하기로 했다.

　이런 발표 후에 주가는 모건스탠리의 부정적 보고서 파동을 극복하고 다시 반등에 나서고 있다. 이처럼 4차 산업혁명 바이오 관련 대표 종목도 호재에 급등, 악재에 급락한다. 왜냐하면 이들도 결국은 주식이기 때문에 호재와 악재를 피해갈 수는 없는 것이다.

셀트리온은 최근 몇 년간 큰 폭으로 매출 성장세를 이어왔으며 이익률 면에서도 타의 추종을 불허하는 엄청난 비율로 수익을 남겼다. 이런 실적 덕분에 부채 비율도 큰 폭으로 매년 줄어들고 있어서 수익성과 안정성 면에서 매우 견고한 모습이다. 대규모 시설을 증설하는 등에 투자했기 때문에 2018년 실적은 전년도의 비약적인 성장보다 둔화됐다. 하지만 여전히 다른 업종이나 회사에 비하면 비교할 수 없을 정도로 탁월한 수준이다.

게다가 해외 시장의 판로 개척이 순조롭고 이에 따라 생산 시설도 확장하고 있어서 향후 성장성이 매우 높다고 볼 수 있다. 당분간 돌발 악재가 없는 한 수익성·안정성·성장성 3박자를 모두 갖춘 모범생이라 할 수 있다.

- 수익성: ★★★★★
- 안정성: ★★★★★
- 성장성: ★★★★★

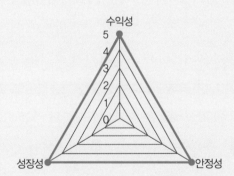

164

03

게임/콘텐츠/결제/광고까지
– NHN엔터테인먼트

회사개요

- 2013년 8월 1일 엔에이치엔주식회사(현재사명 네이버주식회사)에서 한게임 사업 부문을 인적 분할해 설립된 회사로 8월 29일에 유가증권시장에 신규 상장됨
- 이 회사의 주 수익원은 온라인게임과 모바일게임 등이며, 연결대상 종속회사를 통해 간편결제 서비스인 '페이코(PAYCO)'를 서비스하고 있음
- 현재 총 92개의 계열사를 보유하고 있으며, 이 중 ㈜엔에이치엔벅스, 엔에이치엔 한국사이버결제㈜, ㈜파이오링크, 인크로스 등 4개가 상장되어 있음

NHN엔터테인먼트는 2013년 8월 1일에 기존 '엔에이치엔㈜ (NHN Corporation)' (현재 존속법인 네이버㈜)의 게임 사업 부문을 인적 분할해 설립되었으며, 온라인 및 모바일게임 사업과 간편결제 서비스 및 웹툰 서비스 등을

운영하고 있다. 2013년 8월 29일 유가증권시장(코스피)에 재상장되었다.

게임과 결제, 웹툰, 음악 서비스 등
다양한 사업 전개

이 회사의 수익원은 온라인게임과 모바일게임 등이며, 연결대상 종속회사를 통해 간편결제 서비스인 '페이코(PAYCO)', 웹툰 '코미코', 음원 유통 '벅스' 등을 서비스하고 있다.

'한게임'은 온라인게임 포털이다. 웹보드, RPG, 스포츠, 캐주얼 등의 다양한 게임을 서비스하고 있으며, 2000년 이후에는 일본에서도 '한게임재팬'을 운영하며 드래곤네스트, 엘소드 등 다양한 장르의 온라인 및 모바일게임을 서비스하고 있다.

게임 외의 사업으로는 간편결제 서비스인 페이코(Payco)가 있다. 이는 온/오프라인, 모바일 거래를 포함해 상거래 구매자가 신용카드 정보, 계좌 정보, 핸드폰 정보 등의 결제 정보를 최초 1회 또는 최소한의 횟수로 입력하고 결제 시에는 비밀번호 등의 인증만으로 결제를 완료하는 방식의 서비스다.

웹툰 서비스인 코미코(Comico)는 한국, 대만, 태국 등에서 서비스를 론칭했으며 인기 작품 서적화, 광고, 애니메이션, 상품 판매 등 다양한 서비스와 사업을 전개해 나가고 있다. 그 외에 이 회사의 연결종속회사인 ㈜엔에이치엔벅스는 온라인 음원 서비스 및 음원유통 서비스를 진행하고 있다.

NHN엔터테인먼트는 자사가 보유하고 있는 인프라와 솔루션 기술을 접목해 이 외에도 다양한 솔루션 서비스와 사업을 준비하고 있으며 이를 기반으로 다양한 방면으로 사업을 확장하고 있다.

꾸준한 실적 상승과 여러 사업 부문으로 매출 구조 다변화

[표3-4] NHN 최근 주요 재무제표

구분	2014년	2015년	2016년	2017년	2018년
매출액	5568	6446	8564	9091	12645
영업이익	118	−543	263	347	686
순이익	503	1651	71	87	1047

* 단위: 억 원, * 자료: 금융감독원 전자공시시스템(DART)

이 회사는 다른 제조업 회사들과 달리 영업이익 외에도 수많은 자회사에서 들어오는 금융 수익, 기타 수익 등이 많아서 순이익이 영업이익을 훨씬 뛰어넘는 실적을 보이고 있는 것이 특징이다. 2016년과 2017년에 순이익이 대폭 줄어든 이유는 기타 영업외 손익 등이 손실을 기록했기 때문이다. 자체 사업에 의한 영업이익은 2015년에 적자를 기록한 이후에는 증가 일로에 있다.

이 회사는 2016년까지는 매출에서 게임이 차지하는 비율이 절반이 넘었지만 이후 결제와 광고 서비스를 확대하면서 2018년에는 게임, 결제 및 광고, 콘텐츠 수익 등이 각각 약 3분의 1의 비중을 구성하고 있다. 게임에 치중된

[표3-5] NHN엔터테인먼트 사업 부문별 매출 비율

구분	2018년		2017년		2016년	
	매출	비율(%)	매출	비율(%)	매출	비율(%)
게임	4453	35.22	4758	52.35	4729	55.22
결제 및 광고	3927	30.74	346	3.81	0	0.00
기타(콘텐츠 수익 등)	4264	34.04	3986	43.84	3834	44.78
합계	12645	100.00	9091	100.00	8564	100.00

* 단위: 억 원, * 자료: 금융감독원 전자공시시스템(DART)

비중을 낮추면서 사업 다각화를 통해 수익 안정성에 중점을 두는 것을 확인할 수 있다.

글로벌시장에서 힘 못쓰는 국내와 일본 편향 매출 비율은 향후 주가 상승에 부담감

전체적으로 꾸준하게 매출액과 수익성이 좋아지고 있고 사업 부문별 매출 비율도 다각화되고 있는 것은 바람직한 현상이다. 하지만 지역별 매출 비율을 보면 국내가 68퍼센트에 달하고 일본이 23퍼센트이며 그 외의 지역은 불과 8퍼센트에도 미치지 못하고 있는 실정이다.

이 회사는 기본적으로 글로벌시장에서의 매출 신장보다 국내 시장에 의존하는 비율이 크기 때문에 향후 글로벌시장에서의 비약적인 성장세를 기대하

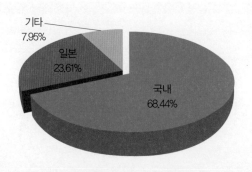

| [그림3-12] NHN엔터테인먼트 지역별 매출비율(2018) | 자료: 금융감독원 전자공시시스템(DART) |

기가 힘들다. 이 점은 해외 매출 비율이 높은 다른 종목과 비교하면 향후 추가적인 주가 상승에 발목을 잡는 요인으로 작용할 수 있다.

순매매 그래프로 안전하게
매수 타이밍을 잡아 매수

그렇다면 NHN엔터테인먼트를 투자 유망 종목으로 선정했다 하더라도 언제 매매에 나서야 수익을 챙길 수 있을까? [그림3-13]은 이 종목의 주가가 2017년부터 꾸준하게 상승세를 형성하면서 진행되고 있음을 보여준다.

파란 점선인 개인은 순매매 금액이 줄어들면서 이 종목을 팔고 나가고 있고 빨간색 외국인은 점차 순매매 금액이 늘어나고 있는 것을 알 수 있다. 이처럼 두 투자 주체 간의 움직임이 반대로 가기 시작하는 시점부터 이미 매수 관점에서 봐야 한다는 것을 알 수 있다. 하지만 확실하고 안전하게 매수하고

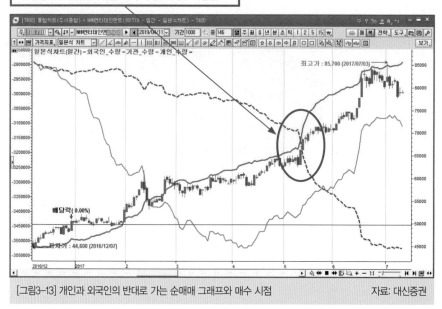

개인과 외국인의 순매매 금액이 반대로 가면서 주가가 상승하고 있음. 교차할 때가 확실한 매수 시점임.

[그림3-13] 개인과 외국인의 반대로 가는 순매매 그래프와 매수 시점　　　자료: 대신증권

싶다면 두 주체의 순매매 그래프가 교차하는 5월 무렵이 매수시점이었다. '돌다리도 두드려보고 건넌다'고 보수적으로 관망하다 이때 매수했더라도 6만～6만5000원대다. 이후 최고가 8만5000원대를 찍으면서 계속 상승했다.

매수 타이밍을 놓쳤다고 추격 매수는 금물,
기다리면 기회는 또 온다

만약 앞에서 설명한 시점에 매수를 못 했다고 무턱대고 추격 매수에 나서다가 고점에 물려서 주가가 조정을 받는 시점에 심하게 마음고생을 할 수 있다. 한 번 상승한 주가는 조정을 받고 하락했다가 2018년 11월부터 다시 상승

하락추세를 형성하던 주가는 2019년 들어서 순매매 그래프가 교차하면서 상승세로 돌아서고 있음.

[그림3-14] 주가 조정 후 상승세로 돌아설 때 매수신호를 보내는 순매매그래프   자료: 대신증권

세로 돌아서서 이전 고가를 넘어서는 최고가를 경신했다.

주가가 확실하게 상승세로 돌아선 2019년 들어 개인과 외국인의 순매매 그래프가 다시 교차하면서 매수 시점을 알려주고 있다. 5만5000원대에서 신호를 준 후에 주가는 9만2000원의 고가를 찍었다. 신호를 따라 매수했다면 약 67퍼센트의 수익이 가능했다.

NHN엔터테인먼트는 최근 몇 년간 매출과 수익성 면에서 성장세를 이어왔다. 게다가 끊임없이 늘어나는 자회사와의 사업 연계로 향후 성장성도 높을 것으로 기대되고 있다. 하지만 매출 비중이 지나치게 국내와 일본에 치우친다는 점은 장기적으로는 성장성에 한계가 있음을 보여주는 요소다. 이 점은 향후 주가 상승에 부담으로 작용할 수 있는 요소이므로 예의 주시할 필요가 있다.

– 수익성: ★★★★
– 안정성: ★★★★
– 성장성: ★★★★

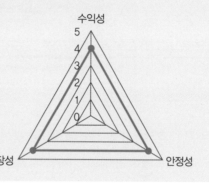

chapter 02

첨단 4차 산업혁명 수혜주는 무엇이고,

언제 사고 팔아야 하나

첨단 로봇으로 의료 · 공장 자동화에 앞장선다 – 로보스타

회사 개요

- 1999년 2월 26일에 산업용 로봇 제조업 등을 주 목적으로 설립했으며, 2011년 10월 17일 코스닥에 상장됨
- 디스플레이, 자동차, 기타 전기전자 산업 분야 등의 다양한 제조 현장에서 공정 내 자동화 작업을 수행하는 데 활용되는 산업용 로봇과 FPD 장비와 IT 부품 제조 장비 등을 제조하고 판매하는 사업을 주요 사업으로 영위하고 있음
- 제조용 로봇 사업 부문의 주력 시장은 LG전자, 삼성전자 및 계열사를 중심으로 디스플레이 산업, IT 및 전기전자 산업, 반도체 산업과 만도. 현대 · 기아 자동차를 중심으로 한 자동차 및 자동차 부품 산업 분야임
- 양팔 로봇, 무인 생산 로봇 시스템(Worldclass-300프로젝트), 기중력 120kgf(킬로그램힘) 구난 로봇 기술 개발을 통해 신규 시장을 개척할 예정임
- 매출 구성은 제조용 로봇 65.61퍼센트, FPD 장비 22.95퍼센트, IT 부품 제조 장비 9.32퍼센트, ROBOSTAR (SHANGHAI) CO.,LTD 1.17퍼센트, 기타 0.95퍼센트 등

'로보스타'는 디스플레이, IT 분야의 생산 공정에 활용되는 산업용 로봇을 생산하는 기업이다. 2004년 디스플레이용 정밀 공정 장비 기술 이전 프로젝트, 2011년 양팔 로봇 기술 국책 과제 공동 참여 등 로봇 분야의 강소(强小) 기업으로 성장하고 있다. 또한 LG그룹이 지원을 아끼지 않는 3차 협력 업체로서 중요하게 관리하고 있는 회사이기도 하다.

LG의 3차 협력 업체인 중소기업에 LG 최고 경영진 수십 명이 몰려든 이유는?

2017년 9월 7일 구본준 LG 부회장, 박진수 LG화학 부회장, 한상범 LG디스플레이 부회장, 조성진 LG전자 부회장 등 LG의 제조 부문 계열사 최고 경영진과 사업 본부장 등 30여 명이 수원에 위치한 3차 협력 업체인 로보스타를 방문했다. 직접 관련이 있거나 비중이 큰 1차 협력 업체도 아니고 3차 협력 업체인 이 조그만 회사에 LG그룹 수뇌부가 그것도 수십 명이 한꺼번에 몰려간 이유는 무엇일까?

LG그룹의 수뇌부는 이 자리에서 로보스타가 생산해서 상위 협력 업체에 납품하는 장비를 국산화해 상생 협력을 강화하는 방안과 향후 추진 과제를 논의했다. LG는 상생 협력 활동의 일환으로 협력 회사가 강소 기업으로 성장할 수 있는 방안을 강구하고자 로브스타와 이런 자리를 마련한 것이다.

LG는 이런 식으로 1차~3차 구분 없이 핵심 기술력을 가진 협력사를 지원해 국산화율을 높이고자 노력해왔다. 그 결과 1998년 LG디스플레이의 장비 국산화율은 6퍼센트에 불과했지만, 2017년에는 80퍼센트를 넘어섰다. LG디스플레이가 대형 디스플레이 시장에서 8년 연속 세계 1위를 기록한 것도 국내 장비 업체의 도움이 있었기에 가능했다.

각종 장비의 국산화율이 높으면 원가 경쟁력과 설비 경쟁력을 동시에 갖출 수 있다는 장점이 있다. 이런 노력으로 LG디스플레이의 30개 장비 협력사의 매출은 지난 2007년 약 1조4000억 원이던 것이 2016년에는 4조 원 규모로 커졌고 고용 규모도 2~8배나 늘었다. 로보스타는 일반인에게는 잘 알려져 있지 않지만 LG와의 상생 협력을 통해 장비를 국산화한 후 수출 판로를 확대하고 사업을 확장함으로써 성장한 대표적인 협력 회사 중 하나다.

LG그룹과의 이런 돈독한 관계와 기술 개발을 통한 성장 덕분에 2014년

[그림3-15] 2014년 이후 꾸준한 상승세를 이어간 후에 주춤하는 주가   자료: 대신증권

3000원대에서 맴돌던 주가는 2018년 4만5000원대를 돌파하는 등 꾸준히 상승세를 이어갔지만 최근 들어서는 하락세로 전환돼 다소 주춤하고 있다.

인간형 로봇 '아미로' 개발 소식에
기술력·성장성 인정, 주가 50퍼센트 급등

한국기계연구원은 LG전자, 로보스타와 함께 산업 현장에서 사람과 함께 작업할 수 있는 양팔 로봇 '아미로(AMIRO)'를 개발했다고 2016년 10월 17일 밝혔다. LG전자와 로보스타가 2017년까지 양산 시스템을 구축하기로 했다는 뉴스가 시중에 퍼졌다. 이때까지 1만 원대에서 소강상태를 보이던 주가는 아미로 발표 전후 급등해서 1만4000원대를 돌파했다. 아미로라는 로봇의 장점과 의미

[그림3-16] LG전자, 한국기계연구원과 공동 개발한 양팔로봇 아미로   자료: 한국기계연구원

1만 원대에서 소강상태를 보이던
주가는 아미로 발표 전후 급등해
서 1만4000원대를 돌파함.

[그림3-17] 아미로 개발 발표 전후 급등하는 주가   자료: 미래에셋대우

가 무엇이기에 이렇게 갑자기 50퍼센트 가까이 주가가 훌쩍 뛴 것일까?

아미로는 키가 185센티미터, 양팔을 벌렸을 때 길이가 80센티미터 정도인
인간형 로봇인데 양손을 자유롭게 움직일 수 있어서 기존 산업형 로봇에 비
해 훨씬 정밀한 작업을 할 수 있다([그림3-16] 참조). 게다가 로봇 본체뿐 아니
라 조작부, 연결 케이블 등을 소형·간소화해서 기존의 산업용 로봇에 비해
좁은 작업 공간에서도 사람과 함께 작업할 수 있다는 장점이 있다. 휴대전화
나 자동차, 오디오 같은 IT 제품 생산 공정등 조립, 다양한 분야에서의 활용
이 예상된다.

산업용 로봇 시장에서 경쟁력 갖췄지만
수익성 악화는 다소 우려되는 요소

최근 일본 ABB사의 '유미(YuMi)' 등 생산용 양팔 로봇 출시가 잇따르는 상황에서 로보스타는 LG전자와 협력해서 양산 시스템을 구축해 시장을 선점해 나간다는 전략이다. 아미로는 최대 5킬로그램의 물건을 들고 운반하거나 조립할 수 있다. 현재 시장을 주도하고 있는 일본 ABB사의 유미가 갖춘 최대 운반 능력이 500그램 정도에 불과하기에 성능 면에서 충분히 경쟁력이 있다. 양산 시 예상 가격도 5000만 원대인 유미와 비슷해서 가격 경쟁력에서도 밀리지 않을 전망이다.

로보스타의 매출액은 꾸준히 상승세를 이어왔다. 반면에 순이익률은 2015년 7.16퍼센트에서 2016년 4.47퍼센트, 2017년에는 3.62퍼센트로 점차 낮아지고 있는 추세이고, 부채 비율은 150~200퍼센트에서 유지되고 있다.

승승장구할 것 같던 로보스타의 주가는 4만5000원대의 고점을 찍은 이후에는 하락세로 전환돼 최근까지 다소 주춤하고 있다. 앞에서 주가 급등으로 수

[표3-6] 로보스타 주요 재무제표

구분	2014년	2015년	2016년	2017년
매출액	970	1306	1517	2065
영업이익	20	103	68	105
순이익	19	93	68	75

* 단위: 억 원, * 자료 : 금융감독원 전자공시시스템(DART)

익을 냈다면 언제 매도해서 수익을 확정하거나 손실을 회피할 수 있을까?

이때에도 역시 외국인과 개인의 순매매 거래대금의 교차 그래프를 보고 매도 시점을 확인할 수 있다. [그림3-18]에서 보듯이 고점을 찍은 주가는 혼조세를 보이다가 교차 신호가 나온 후에는 지속적으로 약세를 보이면서 흘러내리고 있다. 이처럼 장래성이 좋아 보이는 종목도 단기적으로는 매매 신호를 보고 일단 매도하고 난 후 추이를 관망하면서 저점에서 매수할 기회를 기다리는 편이 바람직하다.

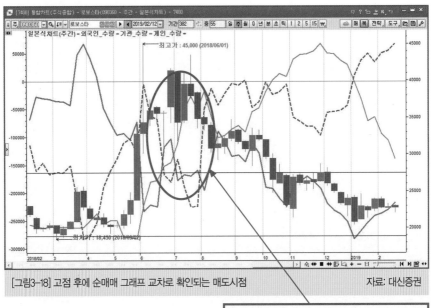

[그림3-18] 고점 후에 순매매 그래프 교차로 확인되는 매도시점   자료: 대신증권

등락을 반복하던 주가는 순매매 그래프가 교차한 후에 지속적으로 하락하고 있음.

투자판단 요약
(★5개 만점 기준)

매출액이 가파른 상승세를 이어가고 있으므로 성장성 면에서는 좋은 흐름을 보이고 있다. 하지만 매출 증가에 비해 순이익률이 줄어들고 있다는 점은 수익성 면에서 아쉬움을 남긴다. 수익성이 제고돼야 추가적인 주가 상승이 탄력을 받을 수 있을 것으로 전망된다. 그래도 향후 시장 전망이 상당히 밝기에 성장성은 좋다고 볼 수 있다.

– 수익성: ★★★
– 안정성: ★★★★
– 성장성: ★★★★

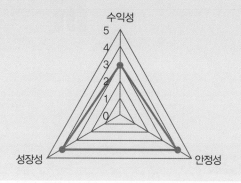

첨단 반도체 개발 업체의 기반을 다져준다
– 솔브레인

- 반도체 및 전자 관련 화학 재료 제조 및 판매 등이 주요 사업으로 1986년 5월 6일 (주)테크노무역으로 설립, 2000년 1월 18일에 코스닥 상장 후 2011년 (주)솔브레인으로 상호를 변경함

- 반도체 공정용 화학 재료, 디스플레이 공정용 화학 재료, 2차 전지 전해액 등을 생산하고 있으며 국내의 주요 반도체, 디스플레이 제조사, 2차 전지 제조사에 제품을 공급하고 있음

- 스마트기기 판매 호조로 차세대 디스플레이로 각광받고 있는 AMOLED 산업은 성장하고 있음. 2차 전지 수요는 소형 전지 위주로 급속 성장하고 있고 향후 전기 자동차, ESS 등으로 확대될 경우, 기기가 커지기 때문에 재료 수요도 급증할 전망임

- 2012년 중국과 말레이시아에 각각 반도체 공정 재료 생산과 2차 전지 재료 생산을 위한 현지 법인을 설립함. 2013년 솔브레인씨그마알드리치(유)를 SAFC HITECH과 50대50 합작 설립했음

- 매출 구성은 반도체 재료 53.63퍼센트, 디스플레이 재료 38.69퍼센트, 기타 7.68 퍼센트 등

솔브레인은 반도체 식각액 전문 생산·공급 업체다. '식각(蝕刻, etching)'은 증착 공정 후 웨이퍼 위에 얹은 각종 박막을 화학 반응으로 깎아 내는 공정이다. 배선을 하려고 구멍을 뚫거나 라인 패턴을 새길 때 이런 식각 공정을 거치는데 이때 사용하는 재료가 바로 식각액이다.

이 회사는 1986년 무역 업체인 테크노무역으로 시작해 1999년 10월 테크노세미켐, 2011년 9월 솔브레인으로 회사 이름을 변경했고 2000년 1월 코스닥에 상장했다. 현재는 식각액을 비롯해 반도체, 패널, 2차 전지의 공정에 활용되는 화학소재 등을 생산하고 있다.

화끈한 맛은 없지만 꾸준하게 고점을 돌파하는 '노력형' 주가
솔브레인

이 회사는 최근 약 10년간 주가가 꾸준히 상승했다. 물론 중간에 상승과 조정을 거치면서 고점과 저점을 형성하는 전형적인 주가 움직임을 보였다. [그림3-9]에서 보듯이 이 종목은 하락하면 반등해서 신고가를 경신하고 다시 조정을 받아 주춤하다가 다시 상승하는 패턴을 보이면서 장기적으로는 주가가 우상향 하고 있다.

어떤 배경이 이런 주가 패턴을 형성하게 했을까? 그 해답은 이 회사의 주요 제품 매출 구성과 시장점유율 자료를 보면 알 수 있다. 주요 생산 제품은 반도체 재료와 디스플레이 재료다. 이들 재료는 단기적으로는 관련 업종의 호황과 불황 주기에 맞춰 수익성이 좋았다 악화됐다 하지만 장기적으로는 시

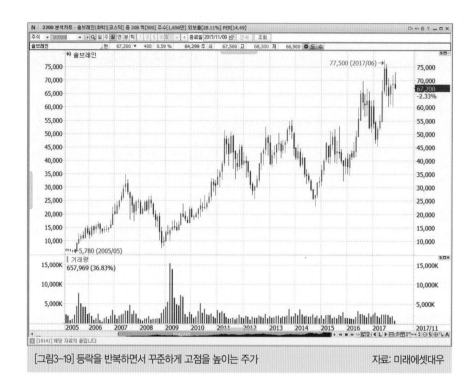

[그림3-19] 등락을 반복하면서 꾸준하게 고점을 높이는 주가   자료: 미래에셋대우

장이 크게 성장하면서 매출과 수익 모두 좋아지고 있는 분야에 속한다.

특히, 이 회사가 생산하는 주요 제품의 시장점유율을 보면 반도체 소재는 80퍼센트가 넘고 다른 분야도 30~40퍼센트에 이르고 있다. 이와 같은 시장점유율은 결국 장기적으로 안정적인 매출과 손익 구조를 형성할 수 있게 해준다. 이런 배경 덕분에 이 종목의 주가가 단기적으로 화끈하게 상승한 적은 없었지만 나름 부침을 겪으면서도 꾸준히 상승 추세를 이어올 수 있었던 것이다.

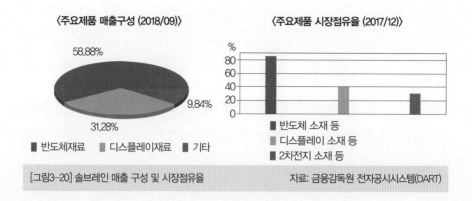

〈주요제품 매출구성 (2018/09)〉

58.88%

9.84%

31.28%

■ 반도체재료　■ 디스플레이재료　■ 기타

〈주요제품 시장점유율 (2017/12)〉

■ 반도체 소재 등
■ 디스플레이 소재 등
■ 2차전지 소재 등

[그림3-20] 솔브레인 매출 구성 및 시장점유율　　　　자료: 금융감독원 전자공시시스템(DART)

전방 산업의 불황과 활황에 크게 영향 받는

실적 및 주가

[그림3-21] 최근 전방 산업 위축(하락)→활성화(상승)에 따른 주가　　　　자료: 미래에셋대우

장기적으로는 꾸준한 성장세가 예상됨에도 불구하고 이 종목은 2016년 7만 원 가까이 상승하다가 연말 들어서 4만 원대까지 하락했다. 이 구간에서 매출 단가 인하와 3D 낸드 소재가 변경될 것이라는 우려가 작용해서 주가는 하락 세를 면치 못했다. 하지만 이런 구간은 반대로 저점 매수의 기회이기도 하다.

이 즈음에 이 회사의 매출액과 이익의 성장세가 다소 둔화되는 모습을 보이자 수익성 면에서 한계점을 보이는 것 아닌가 하는 분석이 있었다. 하지만 부채가 늘어나지 않으면서 안정성은 견고한 흐름을 이어가고 있다. 2017년에는 이 회사의 주요 고객사가 신규 3D 낸드(3차원 수직구조 플래시메모리) 생산 시설을 증설할 계획을 잡았고 D램 매출 역시 늘어날 것으로 예상됐다. 특히 메모리 반도체인 낸드플래시 제조 방법이 기존 2D에서 3D로 진화하면서 증착과 식각 공정 횟수도 증가해 반도체 식각액 1위 업체인 솔브레인의 중장기 실적 전망이 좋아졌다. 실제로 2017년 2분기 들어서면서 반도체 시장이 호황이었고 고객사인 삼성전자의 평택 라인이 본격 가동되면서 실적이 크게 좋아졌다.

이런 상황 변화는 당연히 투자자의 기대 심리를 자극하므로 주가가 큰 폭으로 상승했다([그림3-21] 참조). 게다가 앞으로 2~3년간 반도체 업체의 대규모 증설이 계획돼 있기에 이에 따라 식각 소재 매출도 크게 증가할 것으로 전망된다. 이런 점에서 볼 때 단기적인 수익성 둔화는 장기적 성장성이 담보되면서 개선되리라 예상된다.

[표3-7] 솔브레인 주요 재무제표

구분	2014년	2015년	2016년	2017년	2018년(추정)
매출액	5386	6279	7225	7702	9606
영업이익	480	1011	1051	1086	1688
순이익	364	806	745	603	1216

* 단위: 억 원, * 자료 : 금융감독원 전자공시시스템(DART)

삼성전자가 투자하는 회사, 그 자체로도 검증되는 기술력과 사업 안정성

2017년 10월 말, 삼성전자는 반도체 주요 협력사인 솔브레인에 550억 원에 달하는 투자를 단행하기로 결정했다. 삼성전자는 반도체 사업의 핵심 소재를 공급하는 협력사인 솔브레인과 안정적인 공급 관계를 유지하고 차세대 소재도 공동으로 개발하고자 지분 투자에 나선 것이다. 이는 전략적 제휴 관계를 강화하는 포석으로 풀이되고 있다.

삼성전자가 이런 투자를 단행한 것은 이 회사의 기술력과 제품 특성에 기인한다. 주력 제품인 인산계 식각액이 확보한 80퍼센트에 달하는 점유율(과점적 지배력)과 기술적 진입장벽(단기 투자로 따라 잡을 수 없는 기술 분야)을 고려하면 앞으로 몇 년간 독보적인 경쟁력을 유지할 것으로 평가받고 있다. 이런 점을 삼성전자가 파악하고 안정적인 수급을 보장받고 함께 기술을 개발하고자 일종의 안전장치 차원에서 솔브레인에 투자한 것이다.

이처럼 장기적으로 관련 업종이 호황이고 삼성전자를 비롯한 고객사에 안정적으로 납품이 가능하다는 점을 고려할 때 이 종목의 투자 수익 전망은 상당히 밝은 편이다. 따라서 이 종목의 단기적인 하락세는 저점 매수의 기회이며 장기적으로는 4차 산업혁명의 기반 산업인 반도체 산업이 성장할 것이므로 앞으로도 수혜 종목으로 분류될 종목이다.

순매매 차트 교차로 확인할 수 있는
솔브레인 매매 포인트

2017년 3월 주가가 5만 원대를 오르내리고 있을 때 순매매 동향 차트가 교

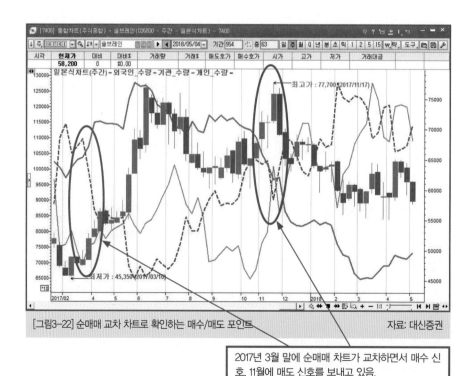

[그림3-22] 순매매 교차 차트로 확인하는 매수/매도 포인트   자료: 대신증권

2017년 3월 말에 순매매 차트가 교차하면서 매수 신호, 11월에 매도 신호를 보내고 있음.

188

차하면서 매수 신호를 보내고 있다. 이후 주가는 7만5000원대를 넘나들던 이후 하락세로 돌아섰고 11월에 7만 원대에서 매도 신호가 나오는 것을 확인할 수 있다. 이 기간에 신호에 따라 매수에 나섰다가 팔았다면 최대 약 40퍼센트 전후의 수익이 가능했다. 이후 이 종목은 4차 산업혁명 수혜주의 가격 거품이 걷히고 조정을 받으면서 같이 하락세로 전환돼 주춤하고 있다. 하지만 중장기적으로 일/주/월봉의 주가를 기준으로 비교하면서 다시 매수 신호를 기다리면 충분히 저점 매수의 기회를 제공할 만한 종목이다.

투자판단 요약
(★5개 만점 기준)

2016년 이후 단기적으로 수익성이 둔화됐지만 2018년에 다시 급등하는 매출액과 수익성은 호재로 작용하고 있다. 게다가 부채 비율이 급증하지 않고 견고한 수준을 유지하고 있어서 안정성 면에서도 별 문제가 없는 것으로 보인다. 삼성과의 제휴, 반도체 산업의 새로운 패러다임, 과점적 지배력을 기반으로 하는 향후 성장성은 수익성 개선에 기폭제로 작용할 것이다.

– 수익성: ★★★★
– 안정성: ★★★★
– 성장성: ★★★★★

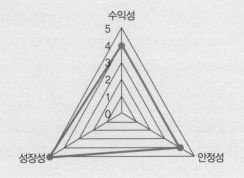

세계적인 반도체 업체에 소재를
독점 납품한다 – 티씨케이

회사 개요

- 1996년 고순도 흑연 제품을 제조, 수입 및 판매하는 한국도카이카본(주)으로 설립돼 인조 흑연 및 기타 탄소 제품의 제조 및 수입과 무역 대리업을 영위하고 있으며 2003년 8월 코스닥에 상장됐음
- 주요 제품으로는 고순도 흑연을 이용한 반도체 및 태양전지용 실리콘 잉곳을 생산하는 결정성장(Growing) 장비용 부품, 식각 장비에 쓰이는 실리콘 전극과 반도체용 실리콘 부품(solid sic wafer ring) 및 전극이 있음
- 설립 이후 최근까지 반도체 시장의 꾸준한 확대와 정부의 녹색에너지 장려 정책에 따른 태양전지 및 LED 시장의 등장으로 고순도 흑연 제품의 수요가 증가하고 있음
- 국내 최초로 LED MOCVD용 서셉터(Susceptor) 개발. 또한 미국 비코(Veeco)사의 블루 LED용 MOCVD 서셉터 제조 기술 확보. 국내 최초로 CVD–SiC로(爐) 도입으로 CVD SiC 코팅 부품 국산화를 실현함
- 매출 구성은 고형탄화규소(Solid SiC)류 79.23퍼센트, 반도체용 7.89퍼센트, 태양광용 6.08퍼센트, 서셉터 류(LED 및 반도체부품) 5.87퍼센트, 반도체 히터 등 0.94퍼센트 등으로 구성됨

티씨케이는 1996년에 한국도카이카본(주)이라는 이름으로 설립했다. 일본 도카이카본과 국내 반도체 장비회사인 케이씨텍, 승림카본금속 등 3개 회사가 30억 원의 자본금을 공동으로 투자해 합작으로 설립한 회사다. 주요 제품으로는 반도체와 태양전지를 만드는 장비에 부품으로 들어가는 인공 흑연(graphite)과 국내에서는 유일하게 국산화에 성공한 LED칩 생산용 서셉터(발열 패드), 반도체 장비용 SiC-링, SiC-웨이퍼 등을 제조·판매하고 있다. 2001년에는 상호를 티씨케이로 변경했으며 2003년에 코스닥에 상장했다. 이름에서 알 수 있듯이 1918년에 설립된 탄소 제품 생산 회사인 일본 업체 도카이카본이 지분 35.4퍼센트를 가지고 있어 최대 주주다. 2대 주주는 지분율 26.8퍼센트인 케이씨텍, 3대 주주는 6.7퍼센트인 승림카본금속이다.

4차 산업혁명 기반인
태양광·반도체 제조 설비 소재 독점 공급하는 숨은 알짜배기

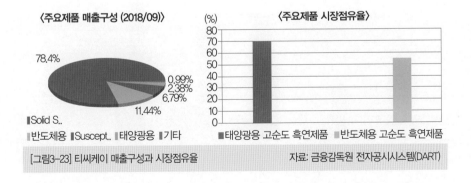

[그림3-23] 티씨케이 매출구성과 시장점유율　　　　자료: 금융감독원 전자공시시스템(DART)

티씨케이의 주력 사업은 고순도 흑연 제품 제조다. 인공 흑연을 고온으로 가공해 반도체와 태양광 제조용 설비에 들어가는 흑연 제품 소재를 생산한다. 이 회사의 고순도 흑연 제품의 시장점유율은 [그림3-23]에서 보는 것처럼 60~70퍼센트에 달한다.

이 회사는 최근 전방 산업인 반도체 산업의 호황에 힘입어 판매가 급증했다. 삼성전자를 비롯해서 미국 1, 2위 반도체 업체인 어플라이드머티리얼즈와 램리서치에 제품을 납품하고 있다.

[그림3-24]에서 보듯이 2014년부터 2017년까지 이 회사는 매출액과 영업이익, 순이익 모두 가파르게 성장해왔다. 게다가 2017년에도 상반기 누적 매출액과 영업이익이 전년 동기 대비 각각 20~30퍼센트가량 증가했고 수주잔고도 200억 원대가 넘는 실적 호조세가 이어지고 있는 상황이다. 2018년 재무제표(추정치)에도 이런 상승세가 나타날 것으로 전망되고 있다. 수익성 면에서 알찬, 증가일로에 있는 셈이다.

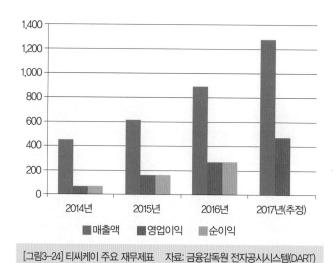

[그림3-24] 티씨케이 주요 재무제표   자료: 금융감독원 전자공시시스템(DART)

[표3-8] 티씨케이 최근 4년간 영업이익률과 순이익률

구분	2014년	2015년	2016년	2017년
영업이익률(퍼센트)	15.59	25.98	30.67	36.82
순이익률(퍼센트)	10.50	21.26	25.42	29.46

* 자료: 금융감독원 전자공시시스템(DART)

그런데 단지 외형적인 부분만 성장하고 있는 것이 아니라 내실 면에서 알짜배기 장사를 하고 있다는 것을 알 수 있다([표3-8] 참조). 매출 증가세 외에 영업이익률과 순이익률이 각각 매출액 대비 20~30퍼센트대를 넘어선다. 엄청나게 '남는 장사'를 하고 있는 것이다. 제조업 평균이익률이 5~8퍼센트 정도로 한자리 숫자에서 간신히 유지되고 있는 점을 감안하면 4~5배나 높은 수준이다.

이런 내실 있는 사업 덕분에 이 회사의 부채 비율은 15퍼센트 내외를 유지하고 있다. 다른 상장 회사의 부채 비율과 비교하면 빚이 거의 없는 무차입 경영이나 다름 없는 수준이다. 지극히 안정적인 자본력을 자랑하고 있다는 것을 알 수 있다.

4차 산업혁명의 기반인 반도체와 태양광 산업에서 사용하는 소재를 압도적인 시장점유율로 제공하고 있으니 속된 말로 '가마니로 돈을 퍼 담고' 있다. 4차 산업혁명 수혜주 종목 중 일부는 기업 실적이 다소 아쉬워도 미래 성장성 때문에 투자 매력이 있다고 평가하는데 티씨케이는 실적과 성장성이라는 두 마리 토끼를 다 거머쥐고 있는 셈이다. 거기에 자본 안정성까지 탁월하다.

독점 공급 제품의 시설 확장은
기름에 불 붓는 주가 상승 기회

이런 이유로 티씨케이는 2015년부터 주가가 가파르게 상승하고 있다. 2015년 초 1만 원 전후에서 형성된 주가는 이후 2016년 들어 3만 원대를 돌파했다. 그러다 3월 이후 급등하는 모습을 보인다. 왜 이렇게 갑자기 상승세가 폭발한 것일까?

[그림3-25]을 보면 그 답을 알 수 있다. 2016년 3월 말에 티씨케이는 반도체 부품(SiC-링)의 수요 증가로 제품 생산 능력을 늘리고자 225억 원을 신규 시설

꾸준히 상승세를 이어오던 주가는 2016년 신규 시설을 증설하는 데 투자하겠다고 발표한 3월부터 급등하기 시작함.

[그림3-25] 신규 시설 증설 발표 후 급등하는 주가　　　　　자료: 미래에셋대우

을 증설하는 데 투자한다고 공시했다. 자기자본 대비 23.9퍼센트에 해당하는 큰 금액을 들여 투자에 나서겠다는 것이다. 이 제품은 반도체 핵심 공정인 '식각 공정'에 사용되며 세계적으로 티씨케이에서만 제조하고 있는 독점 제품이다.

매출액과 이익률 성장세가 매우 높은 회사가 독점 제품의 생산 시설을 확장하겠다고 나선 것이다. 잘되는 시장에 '좌판'을 더 많이 깔겠다고 하는 셈이니 실적 상승이 불을 보듯 뻔해 투자자가 몰렸다. 그 결과 주가는 4월 말경 4만5000원대를 돌파하면서 2015년 초 대비 4.5배나 상승했다. 이 기간에 투자한 투자자는 원금 대비 4.5배의 수익을 거두고서 덩실덩실 춤을 추었을 것이다.

이제라도 투자하면 성공 대열에, 경쟁자 등장은 저점 매수의 좋은 기회

이 종목을 몰라 투자 기회를 놓쳤다면 부럽기 그지없는 상황이 아닐 수 없다. 하지만 아쉬움에 입맛만 다시고 있을 여유는 없다. 기회는 또 오는 법이다. 바로 저점 매수의 포인트가 있다.

4만5000원을 넘고 승승장구하면서 끝간 데 없이 상승할 것 같던 주가는 2016년 5월부터 하락세로 전환돼 연말까지 줄줄이 흘러내려 3만 원대가 붕괴됐다([그림3-26] 참조). 티씨케이에 도대체 무슨 일이 있었던 것일까?

경쟁사가 시장에 진입한다고 알려지면서 이에 대한 우려로 주가가 하락한 것이다. 하지만 경쟁 업체의 상품은 제조 공법과 적용 분야가 달라 티씨케이

2016년 5월부터 경쟁사 진입에 대한 우려로 주가가 연말까지 하락함. 이때가 저점 매수 기회였음. 2017년 들어 반등하면서 저점 대비 2배 상승함.

[그림3-26] 경쟁사 진입 우려로 주가 하락(저점 매수 기회)　　　　자료: 미래에셋대우

에 입히는 피해가 거의 없었다. 게다가 같은 기술력을 확보하려면 최소 몇 년이 걸린다고 알려지면서 2017년 들어 주가는 다시 상승세로 전환되고 있다. 2016년 말 3만 원대가 무너진 저점 대비 2배 가까운 6만 원대를 넘보는 수준까지 올라섰다([그림3-26] 참조).

티씨케이의 사업 영역이 전문적인 분야여서 아직 일반 투자자가 관심을 갖고 있지 않지만 외국인과 기관 투자자가 높은 관심을 보이며 이미 적지 않은 투자 수익을 올렸다. 그렇다면 뒤늦게 뛰어드는 개인투자자는 '뒷북'을 치지나 않을까?

이제부터라도 4차 산업혁명으로 실적과 성장이라는 두 마리 토끼를 잡고 투자 수익이라는 열매를 맺어줄 숨은 알짜배기 종목에 관심을 갖고 투자에 나서도 늦지 않다. 티씨케이 사례처럼 4차 산업혁명 관련 수혜주도 매일 상승만 하는 게 아니라 다른 종목처럼 호재와 악재가 이어지고 상승과 하락을 반복하면서 투자자에게 위기와 기회를 동시에 제공하고 있다. 상승과 조정, 저점 매수와 고점 매도의 기회는 항상 있다.

순매매 차트 교차로 확인할 수 있는
티씨케이 매매 포인트

[그림3-27] 순매매 교차 차트로 확인하는 매수 · 매도 포인트   자료: 대신증권

2017년 11월에 순매매 차트가 교차하면서 매수 신호가 나오고 이후 매수 지속 상태임.

2017년 11월 순매매 차트가 교차하면서 매수 신호를 보내고 있다. 이때 주가는 약 6만 원대를 형성하고 있었다. 이후 주가는 2018년 3월에 8만3000원대의 고점을 찍고는 7만 원대로 밀리면서 다소 주춤거리고 있는 상태다. 차트에서는 아직 매수 유지 상태를 보여주고 있다.

투자판단 요약
(★5개 만점 기준)

매출액은 가파른 상승세를 이어가고 있고 영업이익과 순이익률은 타의 추종을 불허하는 수준으로 알차게 사업하고 있다. 부채 비율은 지극히 낮아서 안정성 면에서도 매우 탄탄한 자본 구조를 보이고 있다. 거기에 세계적 시장점유율을 유지하고 있고 한 발 앞서가는 시설 투자로 성장성도 밝히고 있다.

- 수익성: ★★★★★
- 안정성: ★★★★★
- 성장성: ★★★★★

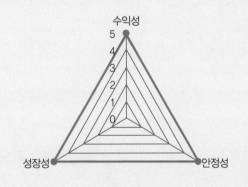

대규모 투자와 업계 부진 이후 전기차로 씽씽 달린다 – 삼화콘덴서

회사 개요

- 종합콘덴서 제조업을 주 사업으로 영위하고 있으며, 1956년 설립돼 1968년 삼화콘덴서공업(주)으로 상호를 변경한 후 1976년 거래소에 상장함
- 사업 영역별로는 MLCC, DCC, EMI 필터 및 BEAD, INDUCTOR, CHIP POWER INDUCTOR를 생산 · 판매하는 회로 부품 사업과 FC를 생산 · 판매하는 기기용 사업으로 구성돼 있음
- 국내 유일의 콘덴서 종합 메이커로서 관계사인 삼화전기가 생산 중인 전해콘덴서를 제외한 거의 모든 콘덴서, 즉 전력용 콘덴서(FILM), 단층 세라믹 콘덴서, 적층형 콘덴서(MLCC)를 생산하고 있음
- 인도네시아에 PT.SAMCON, 태국에 SAMWHA THAI를 설립해 전력용 콘덴서 및 디스크 세라믹콘덴서를 생산하고 있음
- 매출 구성은 MLCC 41.56퍼센트, 기타 17.99퍼센트, FC 16.16퍼센트, DCC 11.37퍼센트, DC-LINK 7.26퍼센트, CI 5.66퍼센트 등

콘덴서(Condenser)는 전기를 저장(충전)하고 사용(방전)하는 부품으로 PC, TV, 휴대폰 등 대부분의 전자 제품에 사용되고 있다. 삼화콘덴서는 1956년에 설립돼 국내 최초로 전력용 콘덴서를 생산해온 기업이다. 1985년에는 MLCC(Multi layer ceramic condenser, 적층 세라믹 콘덴서)를 양산하는 등 콘덴서에 특화하고 있다.

4차 산업혁명, 전기 · 전자에 기반한 산업은 콘덴서 먹는 공룡

그런데 왜 콘덴서를 만드는 기업이 4차 산업혁명 수혜주로 구분되는 것일까?

MLCC는 노트북이나 TV에 400~700개, 스마트폰에도 200~300개가 들어가는 등 각종 전자 기기에 적지 않은 수량으로 꼭 들어가는 필수 부품이다. 이런 MLCC는 자동차에도 약 3000개 이상이 들어가고 전기차에는 일반적으로 1만 개 이상이 탑재되는 것으로 알려져 있다. 4차 산업혁명은 전기 · 전자 제품 관련 기기를 기반으로 한다. 그러한 기기에 한두 개도 아니고 수백 개 이상이 들어가니 수요 급증은 불 보듯 뻔하다. 특히나 전기차 시장의 성장은 콘덴서 수요를 폭발적으로 늘린다. 삼화콘덴서는 바로 그 넘쳐나는 수요를 감당하는 독보적인 기술력을 가진 콘덴서 제조 업체다.

발 빠른 대응으로
시장에서 강자로 등극

삼화콘덴서는 기존 전자 제품에 공급하던 콘덴서 사업을 확장해 LG전자와 현대모비스 등을 통해 차량용 MLCC를 글로벌 완성차 업체에 공급하고 있다. 반도체와 디스플레이 부품 중심으로 공급하던 콘덴서를 자동차(친환경차) 부품으로 확대 적용한 것이다.

이런 노력 덕분에 국내 MLCC 1위인 삼성전기에 이어 2위 업체로 자리잡았다.

2010년 이후 한동안
주가가 약세를 면치 못한 이유와 투자 기회

이 회사는 2010~2011년에 MLCC 관련 설비를 증설하면서 자금을 지출했고 감가상각비 등 고정비 증가와 IT 전방 산업의 부진 탓에 한동안 실적이 조금 저조했다. 일반적으로 대규모 설비 투자는 일시적인 유동성 부족을 유발해 재무 건전성이 악화돼 보이는 착시현상을 일으킨다. 이것이 반영돼 주가가 하락한 것이다. 게다가 하필 그 기간에 관련 산업이 부진해 암흑기를 보냈다. 이 기간이 바로 저점 매수로 투자에 나설 좋은 타이밍이었다([그림3-28] 참조).

한 발 앞선 설비 투자와
자동차 분야로의 사업 확장이 물을 만나 8배나 주가 급등

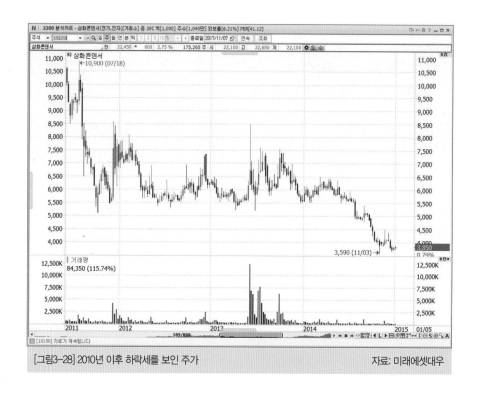

[그림3-28] 2010년 이후 하락세를 보인 주가 　　　　　　　　　　　자료: 미래에셋대우

　　이후 관련 시장의 급격한 성장과 투자 비용의 상쇄, 실적 개선 등 호재가 겹치면서 실적이 크게 개선됐다. 이런 변화는 이 회사의 손익계산서만 봐도 알 수 있다. [표3-9]를 보면 삼화콘덴서는 매출액이 꾸준히 증가하고 있는 추세다. 특히 영업이익과 순이익이 매출액 증가 대비 뚜렷한 상승세인 것을 보면 착실히 성장성과 내실을 다지고 있다는 것을 알 수 있다.

　　또한 부채 비율은 2015년 139퍼센트, 2016년 128퍼센트, 2017년 99퍼센트로 계속 낮아지고 있다.

[표3-9] 삼화콘덴서 손익계산서

구분	2014년	2015년	2016년	2017년	2018년(추정)
매출액	1621	1588	1725	1993	2656
영업이익	-38	54	95	220	800
순이익	-60	29	57	155	621

* 단위: 억 원, * 자료 : 금융감독원 전자공시시스템(DART)

이처럼 시장 상황이 우호적으로 바뀌고 실적 향상과 안정성이 개선되면서 주가는 2015년부터 가파른 상승세를 이어가며 2017년 9월 한때 3만 원에 육박하는 등 기염을 토했다. 2014년 말 3500원 대비 8배가량 상승한 셈이다.

[그림3-29] 2015년 이후 가파른 상승세를 보이는 주가   자료: 미래에셋대우

2017년 들어 코스피지수가 급등세를 보일 때, 전기차 관련 부품 소재 기업의 주가가 투자수익률 부문 상위 순위를 휩쓸었다. 세계 각국의 자동차 메이커가 전기차에 투자해 배터리 관련 업체의 사업 전망이 힘을 받고 있다는 장점이 있고, 삼화콘덴서 같은 종목은 삼성전자 등 대형주에 비해 체급이 가벼워 투자 유망 종목으로 지목되고 있다.

순매매 차트 교차로 확인할 수 있는
삼화콘덴서 매매포인트

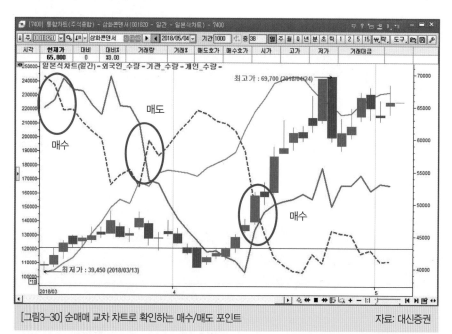

[그림3-30] 순매매 교차 차트로 확인하는 매수/매도 포인트　　　　　자료: 대신증권

2018 3월 14일 무렵 매수 신호, 3월 28일 매도 신호, 4월 12일에 다시 매수 신호를 내고 있음.

2018년 3월 14일, 주가가 4만 원대에 머물고 있을 때 매수 신호가 나왔다. 이후 28일에 4만5000원 전후의 가격에서 매도 신호가 나와 수익을 내고 팔 수 있게 해주었다. 그 이후 순매매 차트는 다시 4월 12일에 5만 원대에서 매수 신호를 냈다. 이후 주가는 7만 원 가까이 상승했다가 등락을 반복하면서 6만 원대를 형성하고 있다. 이 종목은 다시 상승세를 타고 10만 원을 돌파한 후 하락하기 시작해 매도 신호 후에 주가는 지속적인 하락세를 이어갔고 2019년 2월에는 5만~6만 원대를 형성하고 있다. 관련 종목과 증시 전체가 침체해 동반 하락한 것이기에 저점에서 매수할 수 있는 기회였다. 순매매 교차 그래프를 분석하면서 매매 신호를 잘 기다려 투자 판단을 하면 좋은 성과를 낼 수 있다.

투자판단 요약 (★5개 만점 기준)

매출액과 수익이 꾸준하게 증가하고 있고 반대로 부채 비율은 지속적으로 감소세에 있다. 수익성과 안정성이 동반 개선되고 있는 것이다. 그리고 콘덴서 수요 증가로 향후 성장성도 상당히 높은 편으로 분석되고 있다.

– 수익성: ★★★★
– 안정성: ★★★★
– 성장성: ★★★★

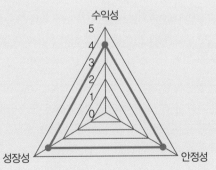

05

세계 최대의 항공 우주 기업
보잉이 2대 주주인 회사 – 휴니드

회사 개요

- 전술 통신 사업 및 전술 시스템 사업으로 구성된 방산 부문, 전략적 제휴를 통해 해외 협력 업체들과 추진하는 해외 부문, 방범·방재 통합 관제시스템 등으로 구성된 민수 부문 사업을 하고 있음
- 방산 사업으로는 전술 통신용 무전기, 특수 장비, 지휘통제체계, 무기 체계 등을 구축하기 위한 소프트웨어 등이 있으며 49년간 전술 통신 장비를 생산 및 공급하면서 축적된 기술을 바탕으로 경쟁력을 확보했음
- 안정적인 성장 기반 확대를 위해 항공 분야 사업에도 진출하고 있으며 이의 일환으로 소형 무장·민수 헬기 사업, 한국형 기동 헬기 사업, 사단 정찰용 UAV 사업에 참여하고 있음
- 최근에는 차기 군 전술 통신 체계, 항공 우주, 지휘 통제 등 미래의 네트워크 중심의 전장을 주도하는 역할을 수행하기 위해 세계적 수준의 연구 개발 역량 및 첨단 기술 개발에 노력하고 있음
- 매출 구성은 방산, 해외 사업 97.13퍼센트, 민수 사업 2.87퍼센트 등

휴니드는 1968년에 대영전자공업으로 출범해서 2000년에 휴니드테크놀러지스로 사명을 변경했고 1991년 증권거래소에 상장했다. 주요 제품은 방산 및 민수 통신 장비, 소프트웨어, 전술 시스템, 시스템통합 등이고 주요 고객은 방위사업청, 육·해·공군, 국방과학연구원, 국방기술품질원, 기간통신사업자 등으로 굵직굵직한 국방 관련 국·공 기업이다. 구체적인 사업 내용을 보면 대용량 전송 장비, 광중계기, 차량용 휴대전화단말기, ADSL 장비 등을 설계 제작해 한국의 무선통신 시장 발전에 선도적인 역할을 해왔다. 특히 지난 40년간 HF·VHF·UHF 무전기 등 군 전술 통신망의 핵심 장비를 공급해왔다. 최근에는 무선통신 분야의 핵심 역량을 바탕으로 차기 군 전술 통신망, 데이터 링크, C3N(지휘, 통제, 통신, 네트워크 중심 사업), 전투 체계 분야 등으로 사업을 확장했다.

보잉사가 2대 주주인 회사, 왜 세계 최대의 항공 우주 기업이 투자했을까?

이 회사의 지분 구조를 보면 2017년 4월 기준 미국의 보잉사가 이 회사의 지분 11.7퍼센트를 가지고 있다. 휴니드는 2006년 9월 세계 최대의 항공 우주 기업인 미 보잉사로부터 투자를 유치해서 보잉이 이 회사의 2대 주주가 됐다. 보잉은 휴니드로부터 단순히 부품을 납품받는 차원을 넘어 기술력과 성장 가능성을 보고 아예 지분 투자를 함으로써 전략적인 제휴 관계를 맺은 것이다. 이를 계기로 양사는 기술 인력 연수, 업무 교환 프로그램, 공동 마케팅을 통

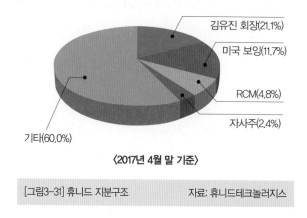

김유진 회장(21.1%)

미국 보잉(11.7%)

RCM(4.8%)

자사주(2.4%)

기타(60.0%)

〈2017년 4월 말 기준〉

[그림3-31] 휴니드 지분구조   자료: 휴니드테크놀러지스

한 장기적 파트너십을 추진해 나가고 있다. 또한 휴니드테크놀러지스는 보잉과의 협력을 바탕으로 세계적 수준의 경영 및 품질 기준을 확보함으로써 성장하려는 비전을 가지고 있다.

장기적으로는 상승, 단기적으로 상승과 조정을 반복하는 독특한 이유

휴니드의 주가는 3000원을 전후한 가격대에서 오르내리다가 2014년부터 가파르게 상승해 2016년에는 한때 1만8000원대를 넘어서기도 했다. 그런데 자세히 보면 이 종목은 주가가 올랐다가 조정을 받고, 다시 고점을 돌파하고 나면 또다시 조정을 받으면서 다분히 규칙적으로 등락을 반복하며 상승하고 있다. 장기적으로는 상승하는데 단기적으로는 왜이리 시소 게임

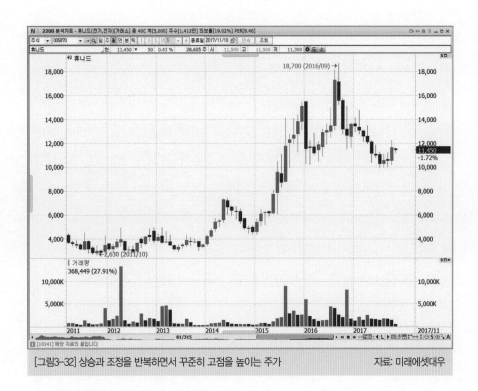

[그림3-32] 상승과 조정을 반복하면서 꾸준히 고점을 높이는 주가
자료: 미래에셋대우

[표3-10] 휴니드의 최근 주요 재무제표

구분	2014년	2015년	2016년	2017년	2018년(추정)
매출액	403	605	1789	1809	1880
영업이익	4	21	188	181	154
순이익	16	12	179	162	128

* 단위: 억 원, * 자료 : 금융감독원 전자공시시스템(DART)

처럼 오르내리기를 반복하는 것일까?

방산 업체는 납품이 끝나면 연구개발(R&D) 시즌에 들어가기 때문에 주기적으로 매출 낙폭이 커진다. 이에 따라 매출 상승기에 맞춘 인건비나 판관비 등 불필요한 비용을 줄이는 과정이 필요하고 이 기간의 수익성도 다소 악화되는 경향이 있다. 이 회사의 최근 주요 재무제표를 보면 비시즌이라 할 수 있는 2013~2014년에는 매출과 수익성이 주춤했는데 계약수주가 이어지는 2016년 들어서며 매출은 세 배 이상, 영업이익은 7~10배 불어나고 있는 현상을 확인할 수 있다([표3-10] 참조). 같은 기간 부채 비율도 108퍼센트에서 37퍼센트로 상당히 낮아지는 모습을 보이고 있다.

게다가 원래 개인 투자자 비중이 높은 코스닥과 달리 유가증권시장에 상장된 회사임에도 최근 주체별 거래 비중을 살펴보면 개인 비중이 상당히 높다. 사업 특성상 기복이 있는 데다 원래 방산주로 구분돼 있어서 북한 이슈에 따라 가격 오르내림이 있었는데 개인 투자자가 많으니 심리적 영향에 따라 단기적인 가격 변동이 심하게 나타나고 있는 것이다.

따라서 이 종목은 저점 매수와 고점 매도로 단기에 매매 차익을 실현할 수 있는 기회를 본의 아니게 주기적으로 제공하고 있는 셈이다.

2016년과 2017년에도 상승과 조정으로
매수·매도 타이밍을 제공한 주가

휴니드는 2016년 2월 산업통상자원부와 공동 개발하는 수직이착륙 무인항공기에 탑재할 통신 기술을 개발하는 데 성공했다. 이어서 3월에는 방위사업

청과 1116억 원어치의 전술정보통신체계(TICN) 초도 물량 공급 계약을 체결하면서 향후 안정적으로 매출이 성장할 수 있는 토대를 다졌다. 이는 2015년 매출(605억 원)의 두 배에 달하는 물량을 한 번에 수주한 셈이다. 전술정보통신체계는 국방부가 개발하는 지휘통제체계 구축 사업인데 2023년까지 정부 예산 5조4000억 원이 투입되는 초대형 프로젝트다. 또한 같은 해 7월에는 미국 보잉과 100억 원이 넘는 전기전자 시스템 공급 계약을 체결했다.

이런 계약 발표가 쏟아지면서 이 종목은 지속적으로 상승해서 2016년 9월 초에 1만8000원대를 넘어서며 과열 양상을 띠기도 했다. 이후에 과도한 상승

[그림3-33] 단기적인 상승과 조정 때의 매매 타이밍   자료: 미래에셋대우

주춤하던 주가가 2016년 4월부터 상승해서 9월에 고점을 찍고 조정 국면에 들어감.

2017년 8월 조정 국면을 끝낸 주가가 다시 상승하기 시작함

에 대한 조정과 국내 정세 불안, 북핵 리스크 같은 방산 업체로서의 악재가 터지며 주가가 흘러내렸다. 이 조정 국면은 2017년 상반기까지 이어졌다.

이후 하반기 들어 다시 기술 개발과 수주 계약 등이 연이어 성사되면서 주가도 재차 상승 국면에 접어들고 있다([그림3-33] 참조). 2017년 10월 23일 휴니드는 프랑스 기업(SED 사)과 기술 협력으로 KUH(수리온헬기) 비행조종컴퓨터(FCC/APM)의 국산화를 완료했다. 비행조종컴퓨터는 항공기에도 들어가지만 제자리 비행 등 정밀한 조종 제어가 필요한 헬기에 가장 핵심적인 항공전자 장비다. 해외 업체가 기술 이전과 외부 생산을 꺼려하는 품목이기도 하다. 그런 장비임에도 휴니드가 해외 원청 업체의 까다로운 생산·품질 관리 규격을 통과하고 품질 및 프로세스 인증을 획득함으로써 국산화 양산 제품을 SED 사에 수출하기로 한 것이다.

이런 성과에 이어 세계 군용 무인 항공기 시장의 선두 업체인 미국 제너럴 아토믹스(General Atomics) 사와 협력해 무인 항공기 분야 핵심 기술을 공동 개발하고 생산 협력 사업을 추진하기로 하는 내용의 양해각서를 체결했다. 제너럴 아토믹스는 미국 국방부 산하 미사일방어국(MDA)과 무인기를 이용한 탄도미사일 탐지 및 요격을 연구하고 있는데, 여기에 휴니드가 무인기 분야의 핵심 기술을 공동 개발하기로 한 것이다.

또한 세계 3D 프린팅 시장에서 독보적 위상을 확보하고 있는 독일 EOS와 항공 방산 분야 3D 프린팅 기술과 사업 개발에 대한 협약을 체결했다. 3D 프린팅은 플라스틱과 금속 등 다양한 소재를 인쇄하듯 층층이 쌓아 다양하고도 복잡한 형상의 제품을 만드는 기술이다. 이 기술은 인공지능, 사물인터넷, 빅

데이터 등과 더불어 4차 산업혁명에 중요한 역할을 담당할 것으로 기대되고 있다. 3D 프린팅 기술은 1980년부터 개발이 시작됐으나 2010년 이후에 응용 기술이 본격적으로 발전했다. 항공 방산 분야, 특히 보잉, 에어버스, GE 등 글로벌 기업이 관련 기술을 개발하고 적용 가능한 제품을 늘리면서 시장이 급속하게 성장하고 있다.

순매매 차트 교차로 확인할 수 있는
휴니드 매매포인트

[그림3-34] 순매매 교차 차트로 확인하는 매수 · 매도 포인트   자료: 대신증권

2018년 1월 말에 순매매 차트가 교차하면서 매수 신호를 보내고 있음.

2018년 1월 말에 순매매 차트는 매수 신호를 보내고 있다. 이후 지수는 어느 정도 상승한 후에 박스권을 형성하면서 등락을 반복하고 있는 것을 볼 수 있다.

투자판단 요약
(★5개 만점 기준)

매출액과 수익성은 2015년 이후 점진적으로 개선되고 있다. 하지만 사업 분야의 특성상 계약 수주 여부에 따라 등락이 심한 점이 약간 불안 요소로 작용했다. 이 점을 반영해 지속적인 성장성을 바탕으로 안정성을 꾀하는 사업 전략을 추진하고 있다.

– 수익성: ★★★
– 안정성: ★★★
– 성장성: ★★★★

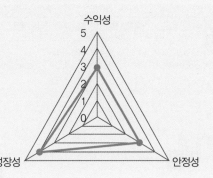

chapter 03

작지만 강한 세계적인 기업
(코스닥 '라이징 스타' 3년 연속 선정)
골라 매매하기

코스닥 종목 선정의 기초, 한국거래소가 인정하는 우등생 – 라이징 스타

유가증권시장에 비해 상대적으로 중소형 종목이 많고 개인 투자자 비중이 높은 코스닥에서 큰 수익이 기대되는 종목을 어떻게 발굴할까? 생업에 종사하는 개인 투자자가 개별 기업을 일일이 찾아 비교 분석하는 건 힘에 너무 부친다. 뭔가 신뢰할 수 있고 분야별로 정리된 투자 참고 리스트가 있으면 딱 좋을 텐데…….

이럴 때 도움이 되는 것이 바로 떠오르는 별, 말 그대로 '라이징 스타(Rising Star)'다.

한국거래소에서 선정하는 코스닥의 아이돌 스타, 라이징 스타에 주목해야

한국거래소는 기술력과 성장성을 보유한 기업을 발굴·육성하고 코스닥을 활성화하고자 2009년 이후 코스닥 '라이징 스타'를 선정해왔다. 매년 주력 제품의 세계 시장점유율이 3위 이내이면서 기술력과 성장성을 보유한 코스닥의 강소(强小) 기업을 선정하고 지원하겠다는 취지다(원래는 '히든 챔피언'이라 했는데 2015년에 명칭을 변경함).

종목 선정 방법은 세계시장 지배력(시장점유율 등)과 수익성, 성장성, 기술력, 재무 안정성 등을 종합적으로 고려해 애널리스트 등이 정성 평가(현장 평가)하며 기업별로 시장지배력과 성장성 등을 검증한다. 여기에 유관 기관 전문가로 선정 위원회를 구성해 선정 결과를 심의한다. 한국거래소는 이렇게 선정된 라이징 스타 기업에 변경·추가 상장 수수료 면제, 소속부 변경(중견기업부인 경우 벤처기업부로 변경) 같은 제도적 혜택 외에 IR 개최 및 기업분석 보고서 발간 등을 지원한다. 그 외에 정부는 물론 수출입은행, 기업은행 등 유관 기관과 협조해 지원 사업을 지속적으로 확대할 예정이다.

4차 산업혁명 종목이 몰려 있는 라이징 스타, 주가 상승도 스타급

[표3-11]는 2017년 코스닥 라이징 스타로 선정된 19개 회사의 선정일부터 약 4개월 기간 동안의 주가 상승률이다. 이들 기업의 주가는 선정일 이후 평

[표3-11] 2017년 라이징 스타 기업 주가상승률(2017년 5월 2일 선정~9월 8일 종가 기준)

기업명	주요제품	주가상승률(퍼센트)	3연 연속 선정
아모텍	EMI/ESD용 칩 부품	62.19	O
하이비전시스템	카메라 모듈 검사 장비	51.89	
테크윙	반도체 테스트 핸들러	45.90	O
콜마비앤에이치	건강기능식품	39.51	
동운아나텍	AF Driver IC	39.34	
제이브이엠	전자동 정제 분류 및 포장시스템	28.48	O
테스	반도체 제조용 기계	23.61	O
베셀	LCD In-Line 시스템	22.67	
아이에스시	Silicone Rubber Test Socket	22.41	O
엘엠에스	프리즘시트	15.70	O
고영	3차원 납도포 검사기	13.41	O
인텔리안테크	해상용 위성통신 안테나	5.04	
유니테스트	반도체 테스트 장비	1.85	
테라세미콘	디스플레이 제조용 열처리 장비	−0.95	
탑엔지니어링	Glass Cutting System	−1.10	
빅솔론	POS프린터	−4.68	O
코텍	카지노용 모니터	−6.08	
케이맥	FPD 공정용 박막두께 측정기	−17.42	O
마크로젠	유전자 및 유전체 분석 서비스	−22.80	O

* 자료 : 한국거래소

균 약 17퍼센트 상승했다. 같은 기간에 코스닥지수가 4.5퍼센트 상승한 것에 비하면 거의 네 배 가까이 상승한 셈이다.

스마트폰 부품을 만드는 아모텍이 62.19퍼센트, 디지털 영상처리 시스템 개발 업체인 하이비전시스템 51.89퍼센트, 반도체 장비 업체인 테크윙은 45.9 퍼센트 상승해 투자자 입장에서는 큰 수익이 가능했다. 나머지 종목도 20퍼센트 전후로 주가가 상승하면서 쏠쏠한 수익을 냈다. 19개 종목 중 13개 종목이 상승하고 6개 종목이 하락했는데, 하락한 종목도 케이맥과 마크로젠을 제외하고는 하락폭이 한 자리 숫자다.

참고로 2017년에 선정된 19개 종목 중 3년 연속 라이징 스타에 선정된 회사는 고영, 마크로젠, 빅솔론, 아모텍, 아이에스시, 엘엠에스, 제이브이엠, 케이맥, 테크윙, 테스 등 10곳이다. 이들 종목 중 3종목을 제외한 7개가 주가상승률 상위권에 자리하고 있다. 3연속 메달리스트에 선정될 만큼 기업의 토대가 탄탄하니 그에 걸맞게 주가 상승률도 높다.

조금 더 기간을 늘려 5년으로 상정하면 더 알짜 종목을 추려낼 수 있다. 5년 연속 라이징 스타로 선정된 기업은 고영, 마크로젠, 케이맥, 엘엠에스, 테크윙, 아모텍, 제이브이엠 등 7곳이다. 이들 종목의 2014년 5월 1일부터 2018년 7월 10일까지 평균 주가수익률은 79.76퍼센트였다. 이 기간 코스닥지수의 상승률이 19.9퍼센트인 것을 감안하면 시장 평균에 비해 네 배 이상 상승한 셈이다.

[표3-12]에서 본 것처럼 모든 종목이 크게 상승한 것은 아니다. 심지어는 적지 않게 하락한 종목도 있다. 그런 점을 볼 때 라이징 스타로 선정된 기업

[표3-12] 5년 연속 라이징 스타 기업 주가상승률(2014년 5월 1일~2018년 7월 10일 기준)

종목명	2014년 5월 1일	2018년 7월 10	등락률(%)
고영	24,600	102,100	315.04
마크로젠	28,000	35,900	28.21
케이맥	8,999	11,050	22.91
엘엠에스	22,100	7,170	−67.56
테크윙	6,320	14,600	131.01
아모텍	13,700	34,900	154.74
제이브이엠	54,500	41,050	−24.68

* 자료 : 한국거래소

의 주가가 모두 크게 상승한다는 보장은 없다. 하지만 적어도 수많은 코스닥 종목 중에서는 확률적으로 투자 성공률과 주가 상승률이 상당히 높다고 볼 수 있다. 게다가 선정 기업의 상당수는 4차 산업혁명과 관련돼 있어 꾸준히 성장하리라 기대된다. 따라서 코스닥에서 옥석을 고를 때는 이들 '떠오르는 스타'에 관심을 가지고 투자 후보로 선정해 기회를 보는 쪽이 바람직하다.

3년 연속 고배당으로 '주가 상승과 배당 수익' 두 마리 토끼를 잡는다 - 테스

회사 개요

- 반도체 및 태양전지 제조에 필요한 장비를 생산하는 장비 제조업을 하며 반도체 소자 업체와 태양전지 제조 업체가 주요 고객임
- 2012년도에는 HF Dry Etcher와 다른 공정을 하나의 장비에서 동시에 수행할 수 있는 복합장비(Hybrid System) 양산에 성공하며 반도체 기술 트렌드에 부합되는 장비 다변화에 성공했음
- 2016년 하반기부터 Gas Phase Etcher(가스 방식의 Dry Etcher) 장비를 신규 고객에게 출시하며 Gas Phase Etcher 장비의 고객 다변화에 성공했음
- PECVD 장비 시장에서는 주로 A, L사 등의 외국 기업과 경쟁 형태를 이루고 있지만 동사를 비롯하여 국내 PECVD 업체들이 주요 고객인 삼성전자, SK하이닉스 내에서의 장비 점유율을 점진적으로 높이고 있음
- 매출 구성은 반도체 및 태양전지 장비 92.54퍼센트, 원부자재 등 7.46퍼센트 등

테스는 반도체 장비의 제조 및 개조 사업을 목적으로 2002년 설립됐고 2008년 코스닥에 상장됐다. 이 회사는 반도체 제조에 필요한 전 공정 장비를 생산하는 장비 제조업이 주력이며 그 외에 디스플레이, LED 등의 장비 제조업도 하고 있다. 이 중 반도체 장비 관련 매출이 전체 매출의 90퍼센트 이상을 차지한다.

주주의 이익을 극대화,
3년 연속 고배당 기업 요건 충족

이 회사는 적극적으로 주주 가치를 제고하고자 3년 연속으로 고배당, 현금 배당을 시행했다. 2017년 12월에는 보통주 1주당 400원의 현금 배당을 시행한다고 밝혔다. 특히 2015년부터 3년 연속 고배당 기업 요건을 충족한 덕분에 일반 주주는 배당에 대한 세금을 현행보다 덜 내도 된다.

2015년부터 2017년까지 한시적 혜택으로 실시된 '고배당기업배당소득과세특례'는 배당 소득에 9퍼센트 원천징수세율을 적용하는 제도다. 기존에 15.4퍼센트를 징수하던 것에 비하면 그만큼 주주에게 세금 혜택이 돌아간다. 이를 통해 금융소득 종합과세 대상자가 아닌 주주라면 배당 소득에 대한 세금을 현행보다 약 42퍼센트 절세할 수 있다(배당소득과세특례제에 해당되는 고배당 기업이 되려면 배당성향, 배당수익률 및 총배당금 증가율 등의 일정 요건을 충족해야 한다). 투자자에게 주가 상승 외에도 짭짤한 부가수익이 덤으로 주어지는 셈이다.

꾸준한 실적 향상과
삼성전자 30조 원 투자 수혜 기대감

이 회사는 [표3-13]에서 보듯이 최근 몇 년 동안 꾸준한 매출 증가세를 보이고 있으며 순이익이 큰 폭으로 늘어나고 있다. 부채 비율은 25~30퍼센트를 유지하므로 자본이 안정돼 있다. 이에 비례해 주가도 2015년 1만1000원대에서 2017년 11월 한때 4만3000원대를 돌파하며 약 네 배에 달하는 상승세를 보였다.

이런 성장세는 이후에도 이어질 것으로 예상되고 있다. 2018년 초, 삼성전

[그림3-35] 2015년 이후 꾸준한 상승세를 보이는 주가   자료: 미래에셋대우

[표3-13] 테스 주요 재무제표

구분	2014년	2015년	2016년	2017년	2018년(추정)
매출액	1097	1003	1789	2758	2930
영업이익	163	95	364	633	571
순이익	147	125	313	543	425

* 단위: 억 원, * 자료 : 금융감독원 전자공시시스템(DART)

자는 최대 30조 원을 투자해 경기도 평택 반도체 제2 생산라인을 건설한다고 결정했다. 이 소식이 전해지며 국내 장비 업체의 기대감도 커졌다. 이에 따라 반도체 장비 중견 기업인 테스를 바라보는 이들의 기대감도 증폭되었다. 2017년 7월 가동에 들어간 평택 반도체 공장 덕분에 최근까지 수혜를 받고 있던 차에 또 한 번의 호재를 만난 셈이다. 이에 따라 이 회사의 실적도 사상 최대치를 경신할 것으로 예상되고 있다.

대규모 계약수주 공시와
순매매 차트 교차 일치하는 시점이 매수 포인트

테스는 중국 우한 티엔마 마이크로일렉트로닉스(WUHAN TIANMA MICROELECTRONICS) 사와 143억1875만 원 규모의 디스플레이 유기발광다이오드(OLED) 제조 장비 공급 계약을 체결했다(2017년 11월 9일 공시). 이는 2016년 매출액의 8.0퍼센트에 달하는 규모이고 계약 기간은 2018년 6월 30일까

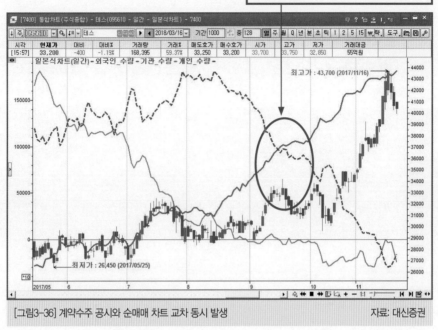

[그림3-36] 계약수주 공시와 순매매 차트 교차 동시 발생　　　　　　자료: 대신증권

지다. 이 공시가 나가는 즈음에 주가는 한 차례 급등했다가 조정을 받고 이후
본격적으로 상승하고 있다. 공시가 나간 이후에는 [그림3-36]에서 보듯이 주
가가 상승하고 있으며 이 구간에서 개인과 외국인의 순매매 차트가 교차하고
있다. 개인은 하향, 외국인은 상향하면서 매수 신호를 보내는 것이다. 이 시점
이 매수 포인트다. 3만3000원 전후를 오가던 주가는 이후 4만3000원대를 돌파
했다. 이처럼 대규모 계약수주 공시(소문이 아닌 공시)와 순매매 차트의 신호가
동시에 나오면 신뢰도는 더 높아진다.

매출액이 큰 폭으로 상승하고 있으며 이익은 더 큰 비율로 상승하므로 수익성이 상당히 높다. 반면에 부채 비율은 25~30퍼센트 사이를 유지하면서 안정적인 모습을 보이고 있다. 거기에 높은 배당 성향으로 주주의 권익 향상에 노력하는 모습까지 보임으로써 투자자에게 좋은 이미지를 심어주고 있다. 이는 주가 상승에 호재로 작용할 것이다. 또한 삼성과 중국 기업을 비롯한 거래 기업의 연이은 대규모 투자로 향후 시장성도 상당히 밝은 편이다.

- 수익성: ★★★★★
- 안정성: ★★★★★
- 성장성: ★★★★

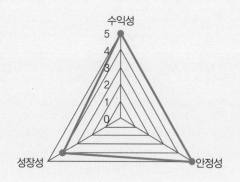

226

자회사 덕분에 본사 실적도 같이 날아간다
– 테크윙

- 반도체 생산 공정 중 테스트 공정에서 테스터를 보조해, 테스트 환경 조성, 소자 이송, 분류 및 수납을 하는 반도체 핸들러(Handler)를 제조하고 있음
- 주요 거래처는 샌디스크, SK하이닉스, 마이크론(Micron), 월튼(Walton) 등이 있음
- 매출구성은 핸들러 49.24퍼센트, C.O.K 20.41퍼센트, OLED/LCD광 평가시스템 18.14퍼센트, 기타(Board류 등) 10.72퍼센트, 반도체 부품가공 1.48퍼센트 등으로 구성돼 있음
- 향후 비메모리 반도체 핸들러 시장 중 상대적으로 부가가치가 높은 시스템 반도체 로직 핸들러 시장으로의 진출을 추진하고 있음

테크윙(Techwing)은 2002년 7월에 설립돼 2011년 11월에 코스닥에 상장된 회사다. 반도체 검사 장비 및 부품 제조 업체로서 주요 고객사로는 SK하이닉스, 샌디스크, 마이크론 등이 있다.

테크윙 본연의 실적과
자회사 실적 향상으로 이어지는 1+1 효과

이 회사는 최근 국내 고객사가 반도체 설비에 투자를 확대한 덕분에 수혜를 받아 실적이 크게 향상되고 있다. 2017년 고객사가 설비 투자를 확대하자 장비 및 부품 매출액이 각각 전년 대비 약 15~17퍼센트 늘어났다. 또한 테크윙은 디스플레이 검사 장비 제조 업체인 이엔씨테크놀로지를 자회사로 두고 있다. 이 자회사는 매출액이 전년 대비 160퍼센트 증가한 202억 원, 영업이익은 무려 520퍼센트 급증한 31억 원을 기록했다. 테크윙은 해당 회사의 실적에 더해 자회사의 실적까지 큰 폭으로 성장하면서 승승장구하는 모습을 보이고 있다.

이런 상승 분위기 덕분에 테크윙은 향후에도 견고한 성장세를 이어갈 여지가 크다. 기존 고객 회사로부터의 계약 수주가 양호하게 진행 중이고 중국 특수의 효과를 볼 것으로 전망되고 있다. 중국은 최근 국가 차원에서 반도체 산업을 육성하고자 전폭적으로 지원하고 있는데 이 수혜를 메모리 테스트 핸들러의 선도 기업인 테크윙이 받을 것으로 예상되고 있다.

주요 재무제표에서 최근 몇 년간 매출과 영업이익, 순이익이 모두 큰 폭으로 동반 상승하고 있는 것을 확인할 수 있다. 반면에 2018년(추정)은 전년도

[표3-14] 테크윙의 주요 재무제표

구분	2014년	2015년	2016년	2017년	2018년(추정)
매출액	1124	1360	1420	2228	1990
영업이익	119	233	231	415	286
순이익	74	167	146	394	226

* 단위: 억 원, * 자료 : 금융감독원 전자공시시스템(DART)

에 비해 다소 정체되었고 부채 비율은 118퍼센트에서 149퍼센트 증가했다가 124퍼센트로 줄어드는 등 다소 불안정한 모습이다.

새로운 성장 동력 창출로
고객 회사의 다변화 진행

현재 양호한 실적에 더해 향후 성장 동력을 마련하고자 비메모리 시장으로 진입해 고객 회사를 다변화하려고 시도하고 있다. 글로벌 1위 제품인 테스터 핸들러 기술을 바탕으로 SSD핸들러 등 후공정 장비 내의 라인업 다변화도 진행할 예정이다.

주요 고객 회사인 SK하이닉스와 마이크론이 메모리반도체 후공정에 계속 투자하는 가운데, 경영난으로 축소된 도시바의 후공정 투자도 점차 회복세를 보일 전망이다. 또한 SSD 핸들러 고객처가 하이닉스에서 인텔, 샌디스크 등 으로 확대되면서 2018년에는 전년도 대비 약 두 배 이상 매출 증가가 예상된

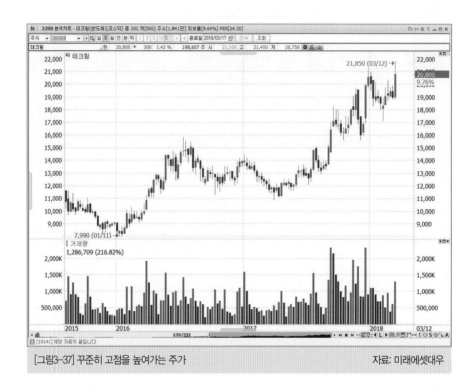

[그림3-37] 꾸준히 고점을 높여가는 주가   자료: 미래에셋대우

다. 또 다른 사업 분야인 인터페이스 보드도 도시바와 인텔 등을 상대로 한 매출이 증가해 추가로 실적이 향상될 것이라 기대된다.

이어지는 실적 누적과 향후의 밝은 전망 덕분에 테크윙의 주가는 단기적으로는 등락을 반복하면서도 중장기적으로는 꾸준히 고점을 높여가고 있다.

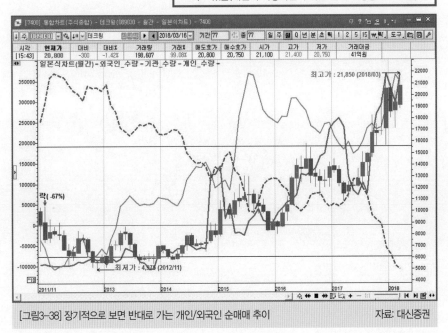

최근 몇 년간 개인과 외국인의 순매매동향이 반대의 움직임을
보이고 있음(개인이 하향하면 주가는 반대로 상승하고 있음)

[그림3-38] 장기적으로 보면 반대로 가는 개인/외국인 순매매 추이   자료: 대신증권

순매매 교차 차트로 확인하는
중장기/단기 매매 포인트

앞서 실적 향상과 동반해 꾸준히 고점을 높이는 주가를 확인했다. 그런데 항상 상승만 한 것이 아니라 중간중간 조정이 이어지고 있다. 그렇다면 언제 매매에 나서야 할까?

[그림3-38]은 장기적인 매매 타이밍을 보여주고 있다. 2015년부터 개인과 외국인의 순매매 차트가 교차하면서 매매 신호를 보내고 있는 것을 확인할 수 있다. 대부분 개인의 교차 타이밍과 주가 흐름은 반대로 가는 모습을 보인다.

좀 더 자세히 그리고 단기적인 매매 포인트를 찾아보자. [그림3-39]을 보

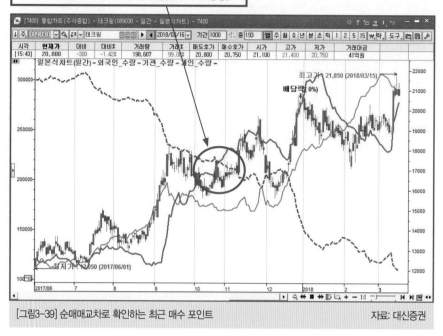

2017년 10월 말 무렵에 개인과 외국인의 순매매 차트가
교차하고 있음. 이때가 매수 포인트임(이후 주가 상승).

[그림3-39] 순매매교차로 확인하는 최근 매수 포인트   자료: 대신증권

면 2017년 10월 말 무렵에 개인과 외국인의 순매매 차트가 교차하고 있다(개인은 하향세, 외국인은 상향세). 이때가 매수 포인트다. 정확하게 이때부터 주가는 개인과는 반대로 상승 곡선을 그리고 있는 것을 알 수 있다. 이때 우리 증시는 국내외적인 이슈 때문에 조정을, 특히 IT/반도체 관련 업종이 다소 타격을 받았다. 그 즈음에 테크윙의 주요 고객사의 실적이 어두울 것으로 전망되면서 개인 투자자가 덩달아 이탈한 것이다. 투자 심리 면에서 보면 개인이 단기적인 악재를 견디지 못하고 빠져나가자마자 충격을 흡수한 주가는 다시 반등에 나서고 있다.

결국 투자 심리, 특히 개인의 쏠림 현상과 반대로 해석하면서 외국인과의

교차점을 확인하면 상당히 높은 성공 확률로 매매 포인트를 찾아 수익을 거둘 수 있다.

투자판단 요약
(★5개 만점 기준)

매출액과 이익은 상승세를 이어가고 있지만 부채 비율이 100퍼센트를 넘는 상태에서 오르내리고 있는 점이 안정성 면에서 다소 아쉽다. 기존의 굵직한 거래처에 이어 새로운 판로를 개척하는 점은 향후 시장성을 밝게 하고 있다.

- 수익성: ★★★★
- 안정성: ★★★
- 성장성: ★★★★

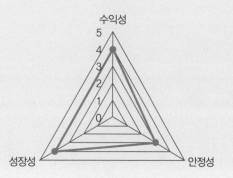

세계 시장점유율 1위 제품으로 공략한다
– 아모텍

회사개요

- 세라믹 칩 부품 부문, 안테나 부품 부문 및 BLDC 모터 부문 등 총 3개의 사업 부문이 있음
- 세라믹 칩 부품의 세계시장 1위 업체로서 규모의 경제에 의한 가격 경쟁력과 제품의 신뢰성을 확보해 경쟁력을 제고하고 있으며, 급변하는 시장의 요구에 맞춰 다양한 제품을 개발함
- 최근에는 근거리 무선통신의 하나인 NFC가 새로운 무선기술로 각광받고 있으며, 소재 및 설계기술을 기반으로 NFC안테나를 개발 완료해 국내 업체에 공급하기 시작함
- BLDC 모터는 중국 하이얼, 국내 대우일렉 및 월풀까지 납품에 성공하며 꾸준히 매출 증가를 이어가고 있음. 추가 프로젝트 및 글로벌 업체들과의 신규 프로젝트를 진행하고 있음
- 매출 구성은 안테나부품 46.95퍼센트, 세라믹 칩 부품 40.52퍼센트, 기타 전자부품 6.73퍼센트, BLDC 모터 5.81퍼센트 등

아모텍은 전자부품 제조 및 판매와 수출입업 등을 사업 목적으로 삼아 1994년에 (주)아모스라는 이름으로 설립됐다. 그 후 1999년 모터 사업을 영위하던 (주)아모트론과 바리스터(Varistor) 사업을 영위하던 (주)아멕스를 흡수 합병하면서 상호를 (주)아모텍으로 변경했다. 2003년 8월 코스닥에 상장됐다.

아모텍의 3각축을 형성하고 있는
세라믹 칩 부품, 안테나 부품, BLDC 모터

이 회사는 신소재를 바탕으로 정보통신, IT 가전 및 에너지 분야에서 관련 핵심 부품을 개발해 제공하는 종합 부품 기업이다. 주요 사업은 IT 기기에 필수적으로 장착되는 ESD/EMI 콘트롤 부품을 제조하는 세라믹 칩(Ceramic Chip) 분야, 무선통신 산업의 핵심 부품인 칩 안테나(Chip Antenna) 분야, 친환경 차세대 동력원인 BLDC 모터(모터의 회전자에 전류를 공급하는 브러시를 제거한 모터. 보통 브러시는 모터가 마모되는 원인이다) 분야로 요약된다.

[표3-15] 아모텍의 사업 부문별 현황

구분	주요 재화 및 용역	사업내용
세라믹 칩 부품	칩 바리스터, EMI 필터, CMF 등	전자기기 정전기/전자파 방지용 칩 부품 제조 및 판매
안테나 부품	블루투스, GPS, NFC 안테나, NFC+MST+WPC 콤보 안테나 등	세라믹 안테나 등 제조 및 판매
BLDC 모터	DDM, DD모터, 인카센서, 쿨링팬 모터 등	자동차용, 가전용 BLDC 모터 제조 및 판매

* 자료 : 금융감독원 전자공시시스템(DART)

ESD/EMI SOLUTION		ANTENNA SOLUTION		BLDC MOTOR SOLUTION	
– Varistor	Click	– GPS Antenna	Click	– Home appliance	Click
– ESD Suppresor	Click	– SDARS Antenna	Click	– Automotive	Click
– ESD / EMI Filter	Click	– Bluetooth	Click	– Industrial	Click
– Inductors	Click	– FM Antenna	Click		
– Disk Varistor	Click	– Laptop Antenna	Click		
– CMF	Click				

[그림3-40] 아모텍의 주요 생산품목　　　　　　　　　　　　　　　　자료: 아모텍

　　세라믹 칩 사업부는 세계 시장점유율 1위 제품인 칩 바리스터(Chip Varistor)를 필두로, IT · 전자기기 등에서 발생하는 정전기와 전자파를 차단하는 다양한 제품을 제조하고 있다. 칩 바리스터 및 EMI 필터(EMI Filter)는 정전기(ESD, Electro Static Discharge) 또는 전자파(EMI, Electro Magnetic Interference)로부터 전자기기의 손상 및 오작동을 방지하는 부품으로서 IC칩, 회로, 인터페이스 단자 등을 보호하는 기능을 수행한다. 자체 재료 조합 기술과 세라믹 코팅 노하우 등 원천 기술을 통한 품질 경쟁력과 오랜 양산 경험을 통한 원가 경쟁력을 확보하고 있다.

　　안테나 사업부는 다양한 소재를 가지고 디자인 능력을 발휘해 공간 배치가 용이한 부착형(Chip/Patch) 형태의 제품을 생산하고 있다. 모터 사업부는 환경·에너지를 고려했을 때 최적의 솔루션으로 평가 받는 BLDC모터를 생산하고 있다. 전 세계적으로 극소수의 업체만 보유하고 있는 더블 로터형 (Double Rotor Type) 관련 국제특허도 확보하고 있다.

관련 산업의 시장 성장 수혜를 놓치지 않는
발 빠른 기술 개발로 실적 향상 이어져

이 회사는 세라믹 칩 부품의 세계시장 1위 업체로서 규모의 경제에 의한 가격 경쟁력을 이미 갖추고 있으며 제품의 신뢰성을 확보해 경쟁력을 더욱 제고하고 있다. 여기에 급변하는 시장의 요구에 대응하고자 전자 기기의 소형화, 복합화, 고집적화를 추구하고 디지털화 추세에 맞춰 다양한 제품을 개발해 시장에 출시하고 있다.

또한 휴대폰 내부의 부품이 고집적화됨에 따라 부품의 소형화 요구가 증가되고 있어 최소형 바리스타와 소형 CMF(Common Mode Filter, 노이즈와 신호를 구분하는 필터)를 양산하고 있으며, 다양한 어플리케이션에 대응 가능한 전자파 대책 부품도 양산해 공급하고 있다. 최근에는 TV와 자동차용 전자파 필터를 개발해 공급 중이며, 자동차 부품 업체에서도 승인을 받아 매출 확대가 이루어질 전망이다.

이 회사가 공급하는 안테나 부품은 전자 기기 무선화와 모바일화에 필요한, 차세대 무선 사업의 핵심 부품이다. 휴대폰이 점차 다기능, 고집적화 되고 있는 추세에 따라 블루투스, GPS 등이 휴대폰의 기본 기능으로 탑재되고 있는 상황이다. 게다가 모바일 기기 외에도 컴퓨터 기기, 자동차, 홈 네트워크 등 다양한 분야가 발전해 안테나 산업의 성장세는 지속될 것으로 전망된다. 최근에는 새로운 결제 시스템으로 NFC(Near Field Communication)가 각광을 받고 있는 현실에 발맞춰 소재 및 설계 기술을 기반으로 NFC 안테나를 개발 완료해 거래처에 공급하기 시작했다.

BLDC 모터는 DC 모터에 사용하는 브러시를 전자적인 방법으로 대치했기에 모터를 이용한 제어 시스템 내에서 아주 우수한 성능을 보여준다. 고효율, 고속운전, 장수명, 저소음, 속도 제어가 용이한 구조적 특성이 있어 냉장고, 세탁기와 같은 대형 가전부터 믹서기 등과 같은 소형 가전 제품 그리고 하이브리드 자동차, 전기자동차, 심지어 가솔린/디젤 차량까지, BLDC 모터를 사용하는 품목이 날로 확대되고 있다.

세라믹 칩 부품은 휴대용 전자 기기의 핵심 부품으로서 휴대폰 등 전방 산업의 지속적인 성장에 힘입어 꾸준한 성장세를 보이고 있으며, 스마트폰, 태블릿 PC 등 휴대용 전자 기기가 고기능화 및 고집적화됨에 따라 보호해야 하

[표3-16] 아모텍의 주요 재무제표

구분	2014년	2015년	2016년	2017년	2018년(추정)
매출액	1,785	3140	2960	3154	2588
영업이익	26	215	290	409	148
순이익	−23	156	163	253	101

* 단위: 억 원, * 자료 : 금융감독원 전자공시시스템(DART)

는 IC 칩의 종류가 많아져 아모텍 제품의 채용 비율과 대당 적용 수량이 늘어나는 추세다.

또한 디지털 휴대기기(휴대폰, 디지털 카메라, MP3, 캠코더 등)에서 디스플레이(PDP, LCD TV, LED TV, 모니터, 노트북 등) 및 자동차 분야로 영역을 넓히며 포트폴리오를 확장하고 있다. 차세대 친환경 차량으로 각광받고 있는 하이브리드 차량과 연료 전지 차량에도 고효율, 장수명, 저소음 등이 특징인 BLDC 모터가 들어간다. 아모텍은 여기에 맞는 차기 어플리케이션 개발에 박차를 가하고 있다.

이외에도 핵심 신소재를 기반으로 다양한 제품을 개발 중에 있으며, 기존 제품의 적용 영역을 확장하는 데 주력하고 있어서 향후 전망도 밝은 편이다.

전체적으로는 실적이 좋아지고 있지만 [표3-16]에서 보는 것처럼 2015년 이후 매출이 다소 정체되는 모습이다. 부채 비율은 138퍼센트에서 105퍼센트로 다소 낮아지는 추세다.

순매매 차트 교차로 확인할 수 있는
아모텍 매매 포인트

2011년 2천700원대던 주가는 이후 등락을 반복하면서 고점을 높여 2017년 연말에는 5만 원대를 돌파했다. 7년 사이에 약 20배 가까이 상승한 셈이다. 지난 일이니 아쉬워해봐야 할 수 없다. 2017년 이후 4차 산업혁명과 관련된 이슈로 관련 종목의 주가가 들썩거리는 가운데 어떻게 매매 시점을 포착해

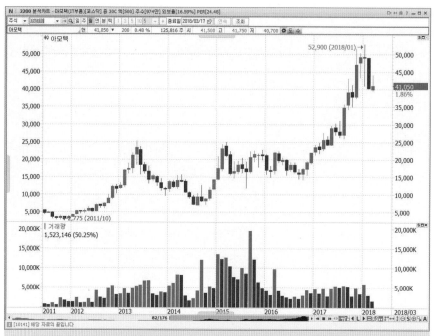

[그림3-41] 2011년 이후 고점을 높여가는 주가
자료: 미래에셋대우

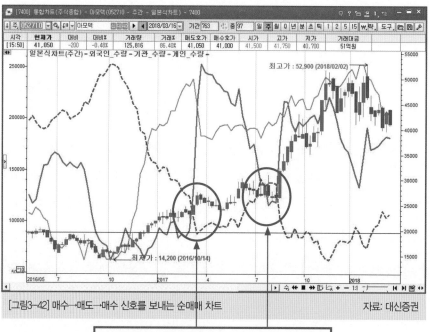

[그림3-42] 매수→매도→매수 신호를 보내는 순매매 차트
자료: 대신증권

순매매 차트는 2017년 3월에 매수, 7~8월에 매도 후 다시 매수신호를 보내고 있음.

이 종목에 진입할 수 있을까?

[그림3-42]에서 보는 것처럼 2017년 3월 무렵 개인과 외국인의 순매매 차트가 서로 교차하면서 매수 신호를 보내고 있다. 주가가 2만5000원대를 형성하고 있을 때다. 이후 8월에 한번 매도-매수 신호가 나오고 있다. 이때 다시 매수해서 보유하는 전략을 사용한다. 주가는 5만 원을 넘어섰다.

이후에 이 종목은 주가가 소강상태를 보이다가 2018년 하반기에 매도 신호가 나온 뒤부터 지속적으로 하락하면서 약세를 면치 못하고 있다. 신호에 맞춰 미리 팔았거나 투자를 보류했을 경우 손실을 피할 수 있었다.

이처럼 대단한 분석이나 복잡한 지표보다 개인-외국인의 순매매 교차 차트만 가지고도 확실하고 안전한 매매 신호를 확인할 수 있다. 마음 졸이고 머

[그림3-43] 매도신호 후에 최근 급락한 주가   자료: 대신증권

순매매 차트는 2018년 8월에 매도신호를 보내고 있음. 이후 주가는 지속적으로 약세를 보임.

리 복잡할 필요 없이 개인과 반대로 외국인 따라서 교차 신호에 맞게 매수, 매도를 하면 손실은 최소화하고 수익은 안정적으로 취할 수 있다.

투자판단 요약
(★5개 만점 기준)

매출액은 최근 정체를 보이고 있지만 이익 비율은 매출액 대비 상승하고 있다. 부채 비율은 다소 낮아지고 있지만 100퍼센트가 넘는다. 성장성도 양호한 편이다. 반면에 주가는 단기 급등에 대한 부담과 피로감이 있어 향후 폭발적인 추가 상승을 기대하기는 어렵다. 바닥 이후의 저점에서 매수 기회를 찾고 이후 꾸준한 상승을 기대해야 할 것으로 보인다.

– 수익성: ★★★
– 안정성: ★★★
– 성장성: ★★★★

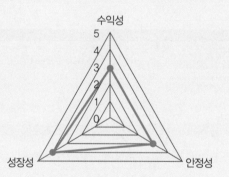

11년 연속 세계 시장점유율 1위를
고수하고 있는 강소 기업 − 고영

회사 개요

- 3차원 정밀 측정 및 검사 장비 사업을 하며 전방 산업은 전자제품 산업 분야와 반도체 산업 분야임
- 전자제품 및 반도체 생산용 3차원 정밀측정 검사장비와 반도체 서브스트레이트 범프(Substrate Bump) 3차원 검사 장비 사업을 하고 있음
- 2010년부터는 3차원 부품 장착 및 납땜 검사기(3D AOI)를 판매함
- 2015년 3D SPI 시장점유율은 49퍼센트로 2006년 이후 1위를 굳건히 수성하고 있으며, 3D AOI 시장점유율은 13퍼센트를 차지함
- 매출 구성은 3차원 검사 장비 100퍼센트임

고영(테크놀러지)은 검사 및 정밀 측정 자동화 시스템 장비 제조와 판매 등을 위한 목적으로 2002년 창업한 이후 2008년 코스닥에 상장됐다. 메카트로닉스 기술을 바탕으로 전자 제품 및 반도체 생산용 3D 정밀 측정 검사 장비와 반도체 서브스트레이트 범프(Substrate Bump) 3D 검사 장비를 생산하는 사업을 한다.

3D 검사 장비 세계 시장점유율 1위의
독보적인 기업

고영은 반도체 제조 공정에서 불량품을 걸러내는 3D 검사 장비를 만들어 왔다. 2003년 세계 최초로 3차원으로 스마트폰 등 인쇄회로기판(PCB)에 납을 칠하는 과정 중 발생하는 불량을 검사하는 '납도포 검사장비(SPI)'를 개발했고, 현재 세계 SPI 시장점유율 1위 기업으로 성장했다. 2015년에는 1억 달러 수출을 기록했고 신제품인 3D 가공 후 검사장비(3D AOI)도 출시했다.

2010년부터 3D AOI 판매 활동을 시작했고 2013년 하반기부터 본격적으로 매출이 증가함에 따라 2013년부터 SMT 전체 검사장비 시장(SPI+AOI)에서 세계 시장점유율 1위를 차지하고 있다. AOI는 소자가 인쇄회로기판 위에 정확하게 올라갔는지 검사하는 장비인데 광학 기술을 활용해 미세한 부품 실장(實裝, 부품을 실제로 배치해 사용할 수 있도록 하는 것)이 제대로 이뤄졌는지 확인한다.

이 회사는 또한 391건의 특허를 등록했고 217건을 출원 중이다. 보쉬 등 무려 약 2000개에 달하는 전 세계 굴지의 글로벌 기업이 기술 경쟁력 세계 1위인 고영과 거래하고 있다. 세계 최고 수준의 3D 영상 측정 기술을 기반으로 반도체 검사, 스마트폰 등 기계 가공 상태 검사, 의료 로봇 분야를 신성장 동력으로 개발하고 있다.

연구원 출신 CEO와
연구개발 투자를 아끼지 않는 기술 왕국

이 회사가 이렇게 탁월한 기술력을 보유할 수 있는 원동력은 강력한 연구개발에 있다.

고영은 5년 전 대비 연구개발 전문 인력이 70퍼센트 가까이 늘어났을 정도로 기술 투자를 지속하고 있다. 직원 465명 중 40퍼센트(188명)에 달하는 인원이 연구 인력이고 매출액의 20퍼센트가 넘는 돈을 연구개발에 투자한다.

이렇게 연구개발에 집중하는 데에는 이유가 있다. 고영의 고광일 대표가 금성사 중앙연구소 후신인 LG전자기술원 출신이기 때문이다. 고영을 설립한 고광일 대표는 서울대 공과대학 전기공학과를 졸업하고 미국 피츠버그대학 로보틱스 공학박사 과정을 마친 공학도다. 이후 한국전자통신 연구원과 LG전자 중앙연구소, LG산전 연구소 산업기계 연구실장과 미래산업 연구소장을 역임했다.

연구개발에 잔뼈가 굵은 이력을 가지고 있는 고 대표는 '8대2의 법칙'을 기업 운영의 근간으로 삼고 있다. 기업의 이익 규모를 살펴보면 보통 8대2 법칙

[표3-17] 고영의 매출(수출)과 인원 구성

연도	매출액(억 원)	수출액(억 원)	직원(명)	R&D인원(명)
2012	1078	919	236	100
2013	1119	911	270	106
2014	1428	1232	337	130
2015	1459	1287	404	154
2016	1718	1577	430	170
2017	2040	1700	465	188

* 자료 : 금융감독원 전자공시시스템(DART)

이 적용되는데 상위 20퍼센트 기업의 순이익이 전체 순이익의 80퍼센트를 차지한다. 게다가 시장점유율 1위 기업이 전체의 절반 이상을 가져간다. 그래서 관련 산업 특성상 업계 1등을 해야 이익을 충분히 내서 연구개발에 더 투자할 수 있고 후발 주자와의 격차를 더 벌릴 수 있는 것이다.

꾸준한 실적 향상에 더해
3D 뇌수술 로봇으로 새로운 성장 동력 확보에 성공

고영은 지난 2011년 산업통상자원부의 국책 연구 과제에 선정돼 한양대병원과 함께 의료용 수술 로봇을 개발하는 연구를 수행한 경험을 계기로 의료 시장 진출을 준비하기 시작했다. 그 결과 3D 영상 기술로 의사가 직접 보지 못하는 뇌 속을 보여주는 뇌수술용 네비게이션 센서를 개발한 데 이어 뇌수

[표3-18] 고영의 주요 재무제표

[표3-18] 고영의 주요 재무제표

구분	2014년	2015년	2016년	2017년	2018년(추정)
매출액	1428	1459	1718	2034	2439
영업이익	282	234	332	437	499
순이익	221	235	297	267	448

* 단위: 억 원, * 자료 : 금융감독원 전자공시시스템(DART)

술용 의료 로봇도 개발했다.

고영의 뇌수술 로봇 '제노 가이드(Xeno Guide)'는 2016년 식약처로부터 제조 판매 허가를 받았다. 뇌수술 로봇으로는 세계 최초로 수술대에 부착할 만큼 소형화하는 데도 성공했다. 이를 기반으로 국내에 출시했고 미국 식품의약국(FDA) 승인을 준비 중이다. 미국 시장 진출을 시작으로 2020년까지 유럽, 중국 등으로 진출해 매출 규모를 확대한다는 계획이다.

고영의 매출은 2009년 이후 8년째 상승세다. 2010년 이래 매출액이 연평균 15퍼센트씩 성장했고 매출액 가운데 해외 비중이 90퍼센트를 넘어서고 있다. 2017년까지 12년째 세계 1위인 SPI의 세계 시장점유율은 약 50퍼센트에 달하고 있다. 그에 따라 영업이익과 순이익도 같이 증가세를 이어가고 있다. 부채비율은 20~27퍼센트를 유지하면서 안정적인 모습이다.

[그림3-44] 한 눈에 보는 고영의 성과　　　　　　　　　　자료: 고영

순매매 차트 교차로 확인할 수 있는
고영 매매 포인트

　고영의 주가는 2014년 이후 꾸준히 상승세를 이어가고 있다. 특히 2017년 들어서는 상승 각도를 높이고 있다. 이 종목의 가치를 알고 매수에 나섰다면 큰 수익을 봤을 것이다. 그런데 도대체 언제 매수해야 하는 것일까? 단기적으로는 상승과 하락을 반복하기에 심리적으로 매수에 나서기도, 혹은 매수했다고 해도 계속 보유할 자신이 없을 수 있다.

　이럴 때에 중심을 잡아줄 확실한 매매 신호가 있다면, 안전하게 수익을 챙길 수 있을 것이다. 그게 바로 개인과 외국인의 순매수 동향, 즉 두 주체의 순매수가 교차하는 시점을 파악하는 기법이다.

　[그림3-46]에서 보듯이 2017년 2월 무렵 개인과 외국인의 순매매 차트가 서로 반대로 교차하고 있다. 개인(파란색)은 아래로, 외국인(빨간색)은 위로 향

[그림3-45] 꾸준한 상승세를 이어가고 있는 고영의 주가   자료: 미래에셋대우

하고 있는 것을 알 수 있다. 이 시점이 바로 확실한 매수 시기다. 개인은 이 기업의 가치를 모른 채 팔아 치우고 반대로 외국인은 가치를 알아 보고 매수를 늘리면서 서로 반대의 길을 가고 있다. 이 시점에서 매수했다면 4만5000원대에 살 수 있었다. 그 후 매도 신호가 없으니 계속 보유했다면 10만 원에 육박하는 시점에서 두 배 이상의 수익이 가능했다.

이후에 이 종목은 2018년 8월에 11만6900원의 고점을 찍고 조정을 받아 2019년 초반 8만~9만 원대에서 주가를 형성하면서 추가 매수 가능성을 열어두고 있다.

개인(파란색)과 외국인(빨간색)이 서로 교차하는 시점이 매수 포인트임.

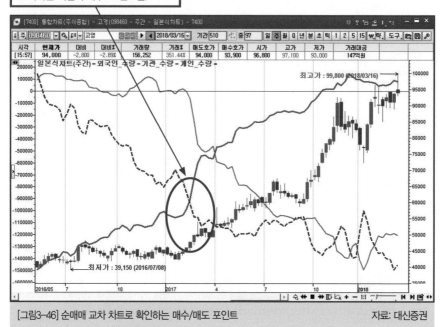

[그림3-46] 순매매 교차 차트로 확인하는 매수/매도 포인트

자료: 대신증권

투자판단 요약
(★5개 만점 기준)

매출액이 꾸준하게 상승하고 있으며 영업이익률과 순이익률이 15~24퍼센트를 넘나들면서 증가하고 있어서 수익성이 개선되고 있다. 부채비율은 20퍼센트대에 불과한 상태로 안정적인 모습을 보이고 있다. 연구개발에 큰 비중을 두고 꾸준한 기술 개발로 세계 시장점유율 1위를 10년 넘게 지키면서 향후 성장성을 담보한다.

– 수익성: ★★★★

– 안정성: ★★★★★

– 성장성: ★★★★

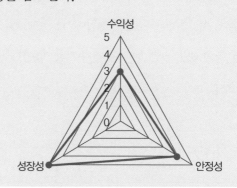

chapter 04

코스피시장에서 기록적인 순매도를 이어간
외국인, 그들이 주목하는 코스닥시장의
코로나19 수혜종목

외국인이 주목하는 코스닥시장의
코로나19 수혜종목

2020년 3월 19일 8퍼센트 이상 폭락하며 1400대로 내려앉았던 코스피지수는 이후 하락폭을 줄이면서 반등해서 4월 3일 다시 1700대에 올라섰다. 최근 미국연방준비위원회의 무제한 양적완화와 주요국과의 통화스와프 체결 외에도 미국 정부의 대규모 부양책이 나오면서 글로벌 증시의 가파른 롤러코스터 국면은 다소 안정되는 모습을 보였다.

기록적인 매도 공세를 펼치는
외국인투자자

미국의 경기부양책과 최근 저가매수를 노린 개인들의 매수세가 이어지고 있

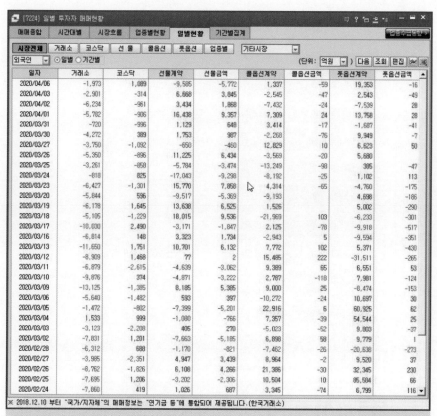

일자	거래소	코스닥	선물계약	선물금액	콜옵션계약	콜옵션금액	풋옵션계약	풋옵션금액
2020/04/06	-1,973	1,089	-9,585	-5,772	1,337	-59	19,353	-16
2020/04/03	-2,901	-314	6,668	3,845	-2,545	-47	2,543	-49
2020/04/02	-6,284	-961	3,434	1,868	-7,432	-24	-7,539	28
2020/04/01	-5,782	-906	16,438	9,357	7,309	24	13,758	28
2020/03/31	-720	-996	1,129	648	3,414	-17	-1,687	-41
2020/03/30	-4,272	389	1,753	987	-2,268	-76	9,949	-7
2020/03/27	-3,750	-1,092	-650	-460	12,829	10	6,623	50
2020/03/26	-5,350	-896	11,225	6,434	-3,569	-20	5,680	
2020/03/25	-3,261	-858	-5,784	-3,474	-13,249	-98	385	-47
2020/03/24	-818	825	-17,043	-9,298	-8,192	-25	1,102	113
2020/03/23	-6,427	-1,301	15,770	7,858	4,314	-65	-4,760	-175
2020/03/20	-5,844	596	-9,517	-5,369	-9,193		4,698	-186
2020/03/19	-6,178	1,645	13,638	6,525	1,526		5,002	-290
2020/03/18	-5,105	-1,229	18,015	9,536	-21,969	103	-6,233	-301
2020/03/17	-10,030	2,490	-3,171	-1,847	2,125	-78	-9,918	-517
2020/03/16	-6,814	148	3,323	1,734	-2,943	5	-9,594	-351
2020/03/13	-11,650	1,751	10,701	6,132	7,772	102	5,371	-430
2020/03/12	-8,909	1,468	77	2	15,485	222	-31,511	-265
2020/03/11	-6,879	-2,615	-4,639	-3,062	9,389	65	6,551	53
2020/03/10	-9,876	374	-4,871	-3,222	2,787	-118	7,981	-124
2020/03/09	-13,125	-1,385	8,185	5,385	9,000	25	-8,474	-153
2020/03/06	-5,640	-1,482	593	397	-10,272	-24	10,697	30
2020/03/05	-1,472	-802	-7,399	-5,201	22,916	6	60,925	62
2020/03/04	1,533	999	-1,080	-766	7,357	-39	54,544	25
2020/03/03	-3,123	-2,208	405	270	-5,023	-52	9,803	-37
2020/03/02	-7,831	1,201	-7,663	-5,185	6,898	58	9,779	1
2020/02/28	-6,312	688	-1,170	-821	-7,462	-26	-20,638	-273
2020/02/27	-3,985	-2,351	4,947	3,439	8,964	-2	9,520	37
2020/02/26	-8,762	-1,826	6,108	4,266	21,386	-30	32,345	230
2020/02/25	-7,695	1,206	-3,202	-2,306	10,504	10	85,584	66
2020/02/24	-7,860	419	1,026	687	3,345	-74	6,799	116

※ 2018.12.10 부터 "국가/지자체"의 매매정보는 "연기금 등"에 통합되어 제공됩니다. (한국거래소)

[그림 3-47] 2020년 3월 전후 기록적인 순매도 이어간 외국인   자료: 대신증권

음에도 외국인투자가들의 엄청난 매도공세는 멈출 기미가 보이지 않고 있다. 이런 이유로 지금의 반등은 불안한 반쪽짜리라는 인식이 팽배한 실정이다.

외국인은 2월 24일부터 딱 하루만 빼고는 연일 매도세를 이어가고 있다. 국내에서 처음으로 코로나19 확진 환자가 나온 1월 20일부터 4월 3일까지 외국인은 유가증권시장에서만 18조8497억 원어치를 순매도했다. 3월달에는 약

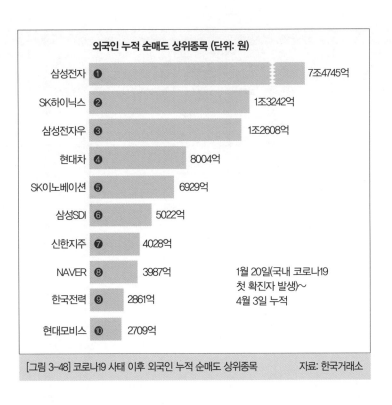

외국인 누적 순매도 상위종목 (단위: 원)

삼성전자 ❶	7조4745억
SK하이닉스 ❷	1조3242억
삼성전자우 ❸	1조2608억
현대차 ❹	8004억
SK이노베이션 ❺	6929억
삼성SDI ❻	5022억
신한지주 ❼	4028억
NAVER ❽	3987억
한국전력 ❾	2861억
현대모비스 ❿	2709억

1월 20일(국내 코로나19 첫 확진자 발생)~ 4월 3일 누적

[그림 3-48] 코로나19 사태 이후 외국인 누적 순매도 상위종목   자료: 한국거래소

13조 원어치의 주식을 내다 팔면서 월간 순매도액으로는 사상 최대치를 갈아치우기도 했다.

이 기간에 외국인은 국내 증시의 대표적인 우량주라고 할 수 있는 삼성전자 7조4745억, SK하이닉스 1조3242억 원어치를 내다 팔았다. 그 외의 대형 우량주들이 가장 많이 내다 판 종목 순위 상위에 올라 있다. 이처럼 외국인의 매도세가 멈추지 않는 것은 코로나19에 따른 글로벌 경제상황을 다소 장기적 관점에서 부정적으로 보고 있기 때문인 것으로 분석되고 있다. 미국을 비롯해 전 세계에서 코로나19 확진자가 계속해서 급증하고 있기 때문에, 이 후폭풍이 실물 경제로 이어져 쓰나미처럼 타격을 줄 수 있다는 분석을 하고 있다는 증거이기도 하다.

매도공세 와중에 코스닥시장에서
외국인이 사는 종목들

외국인은 코스피시장에서의 이런 움직임과는 달리 코스닥시장에서는 일부 종목을 순매수하고 있다.

코스닥지수가 폭락한 와중에도 시가총액 상위권을 유지하고 있는 1위부터

[표 3-19] 코스닥시장 외국인 순매수 상위 종목

순위	회사명	업종
1	셀트리온헬스케어	제약/바이오
2	펄어비스	게임산업
3	에이치엘비	제약/바이오
4	에이치엘비생명과학	제약/바이오
5	젬백스	제약/바이오
6	헬릭스미스	제약/바이오
7	엘앤에프	소재산업
8	코미팜	제약/바이오
9	알테오젠	제약/바이오
10	셀트리온제약	제약/바이오

5위 가운데 4개 종목은 '코로나 치료제' 테마주로 꼽히는 제약/바이오 업체다. 게다가 앞서 설명했듯이 엄청난 매도세로 코스피지수를 폭락시킨 외국인도 일부 코스닥 종목은 사들였는데, 순매수 기업 순위 상위권 대부분은 이들 제약/바이오 업체다.

표에서 보듯이 코스닥시장 외국인 순매수 상위 10종목 중에 8개가 제약/바이오주다. 이처럼 최근 들어 코스닥시장에서 관련 기업이 주목받는 이유는 무엇보다 방역 관련 주이며, 코로나19 치료제와 백신 개발에 대한 기대감이 팽배하기 때문이다. 상황이 이렇다 보니 다른 유관 업종과 종목 전반으로 투자자의 관심이 번지고 있다. 그래서 테마주를 형성하면서 이런 저런 종목까지 친구 따라 강남 가듯이 덩달아 주가가 과열되는 것이다.

외국인이 사들이는
제약/바이오 종목도 옥석을 잘 가려야

제약/바이오 종목은 업종특성상 불확실성이 크고, 그에 연동해 가격변동폭 또한 매우 큰 만큼 묻지마 투자는 위험하다. 단순 치료제 개발 착수 소식이 해당 기업의 수익성과 단기간에 직결되긴 어려운 데다 관련 이슈가 잠잠해지면 주가가 급락할 우려도 있다. 그럼에도 불구하고 개인투자자는 각종 홍보성 언론보도와 투자자들을 유혹하는 정보에 현혹돼 불나방 같은 묻지마 투자에 나설 여지가 크다.

그래서 옥석 가리기가 필요한데, 이때 참조할 수 있는 지표가 바로 외국인의 투자 행태다. 외국인이 관심을 가지고 집중적으로 매수한 코스닥 종목을 눈여겨볼 필요가 있다. 이에 코스닥시장 외국인 순매수 상위 종목을 코로나19 관련 수혜주 중에서도 투자유망종목으로 선정하고 관심 있게 분석해볼 필요가 있다.

02

복합소재 기업에서
바이오/의료기기 기업으로 – 에이치엘비

회사개요

• HLB와 Elevar(LSK Biopharma)는 다양한 신약개발 및 임상경험을 보유하고 있는 글로벌 의약품 전문회사임.
• HLB 복합소재 사업부는 LifeBoat(선박구명정), 특수선박, GRP 파이프 및 조선 기자재를 생산하는 사업부에 해당한다. 또한 앞으로도 HLB는 지속적인 혁신과 끊임없는 도전을 통하여 인류의 건강과 안전한 미래를 책임지고 이끌어 나갈 계획임.

에이치엘비(HLB)는 1985년 10월 18일에 설립되었으며, 1996년 7월 27일자로 코스닥시장에 상장됐다. 원래는 건조업을 주요 사업으로 영위하고 있으며, 구명정, GRP/GRE 파이프(유리섬유관) 등이 영업활동의 주요 제품이다.

최근에는 연결대상 종속회사를 통해 바이오/의료사업 부문에도 활발히 투자하면서 사업 영역을 확장하고 있다.

복합소재사업에서
바이오/의료산업으로 사업확장

이 회사의 종속회사인 엘리바 테라퓨틱스(Elevar Therapeutics, Inc.)는 2005년 7월 신약개발 컨설팅 회사로 설립되어 2007년 12월 리보세라닙(Rivoceranib) 표적 항암제 라이센스 취득 계약을 체결해(Advenchen Laboratories, Inc., CA, USA) 중국을 제외한 세계 판권을 취득함으로써 독자적인 바이오사업을 시작하였다.

(주)화진메디칼/(주)화진메디스는 주사기 등 바이오 의료기기 전문 제조업체로서 1회용 주사기 업계에서는 품질과 매출 면에서 상위권에 위치하고 있으며, 2005년 5월 '소프젝(Sofjec)'이라는 상표를 출원하여 안전주사기 및 필터

[표 3-20] 에이치엘비와 연결대상 종속회사의 사업부문별 현황

회사명	주사업부문	주요재화및용역
에이치엘비(주)	복합소재 사업부문 (선박사업부, 파이프사업부)	구명정 건조 및 수리, 파이프 제작 및 설치
Elevar Therapeutics, Inc..		항암제 연구개발
(주)화진메디칼	바이오 의료기기 사업부문	바이오 의료기기 제조 및 판매
(주)화진메디스		바이오 의료기기 제조 및 판매

* 자료: 금융감독원 전자공시시스템(DART)

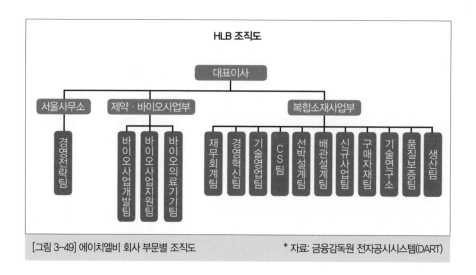

[그림 3-49] 에이치엘비 회사 부문별 조직도   * 자료: 금융감독원 전자공시시스템(DART)

주사기 등을 제조·판매하고 있다. 특히, 멤브레인 필터주사기는 영업이익률이 매우 높으며 국내 대형병원인 아산병원, 연세세브란스병원 등에 납품하는 양이 지속적으로 증가함에 따라 영업이익률이 크게 증대될 것으로 전망되고 있다.

또한, 최근 미국, 필리핀, 태국, 러시아 등에 대한 수출도 증가하고 있어 안전주사기, 멤브레인필터주사기 등의 제품개발 및 경쟁력 강화에 더욱 주력해 향후 다양한 국가의 유통채널을 추가로 발굴할 계획이다. 현재 중국을 필두로 세계시장 점유율을 꾸준히 확대해 나갈 계획으로 알려져 있다.

리보세라닙 글로벌 권리 인수로
매출(수익)증대 예상

에이치엘비는 앞서 설명한 것처럼 복합소재 사업으로 시작한 회사라 2019년 9월 기준으로 관련 사업 부문의 매출비율이 70퍼센트가 넘고 있다. 최근 바이오기업 관련 테마주로 관심을 끌기도 하지만 정작 바이오/의료기기 사업부문은 매출비율이 채 30퍼센트가 되지 않고 있다.

이런 점에서 전문적인 바이오/의료기기 회사라 하기에는 다소 멋쩍은 면이 있는 것이 사실이다. 하지만 이런 의구심을 불식시킬 수 있는 대형 인수가 최근 이루어지면서 본격적인 바이오/의료기기 전문기업으로 덩치를 키워 나가기 시작했다.

이 회사는 2020년 2월 27일 리보세라닙의 원개발사인 미국 어드벤첸 연구소(Advenchen Laboratories)와 리보세라닙의 중국을 포함한 글로벌 권리를 인수하기로 하는 매각조건(Binding Term Sheet)을 체결했다. 에이치엘비는 이번

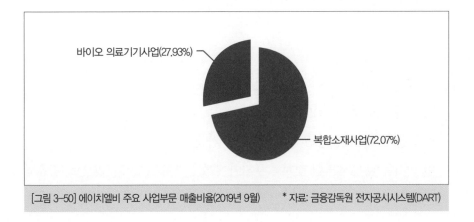

바이오 의료기기사업(27.93%)

복합소재사업(72.07%)

[그림 3-50] 에이치엘비 주요 사업부문 매출비율(2019년 9월)　　　* 자료: 금융감독원 전자공시시스템(DART)

인수에서 총 5000만 달러(원화기준 606억 원)를 어드벤첸 연구소에 지불해야 하는데 그중 상당 부분을 에이치엘비 주식으로 지급한다.

미국의 어드밴첸 연구소는 리보세라닙의 원 개발자인 폴 첸(Paul Chen) 대표가 이끌고 있는 바이오 연구소로, 현재 항서제약으로부터 중국 내 리보세라닙의 매출에 대한 로열티를 받고 있다.

이 계약으로 2019년 중국에서의 매출에 대한 로열티를 2020년부터 받을 수 있게 될 뿐만 아니라 2020년에는 리보세라닙이 중국 내에서 폐암과 간암 치료제로 시판허가가 날 것으로 기대되기 때문에 로열티로 걷어들이는 수익 규모는 더욱 커질 것으로 예상되고 있다. 리보세라닙의 2019년 중국 매출은 전년대비 20퍼센트 증가한 3700억 원(21억 위안)으로 추정되고 있다.

에이치엘비는 얼마 전에도 면역항암제 플랫폼 개발회사인 미국의 '이뮤노믹 테라퓨틱스(Immunomic therapeutics, Inc.)'를 인수했고 이번에 어드벤첸 연구소가 보유한 라이선스를 전격 인수함에 따라 장기적인 현금흐름 면에서 안정성을 확보하게 되었다. 이를 통해 재무제표상 마이너스 수익으로 점철된 불확실성을 상당 부분 제거함은 물론, 안정적인 성장을 도모할 수 있게 되었다.

최근 수익구조는 불안한 모습, 라이선스 확보로 향후 수익성 개선 기대

이 회사는 앞서 설명한 것처럼 투자자에게는 바이오/의료기업으로 더 유명하지만 실질적인 매출구조는 기존 사업 부문인 복합소재사업에서 70퍼센트

[표 3-21] 에이치엘비 최근 주요 재무제표

구분	2017년	2018년	2019년
매출액	230	362	384
영업이익	-261	-293	-487
순이익	-213	135	-597

* 단위: 억 원, * 자료: 금융감독원 전자공시시스템(DART)

가 넘게 나오고 있다. 그런 구조에서 신규로 바이오/의료기기 분야에 투자를 늘리다 보니 재무제표는 최근 수익성이 악화된 모습이다. 2018년의 순이익증가분은 재무제표상의 상계처리일 뿐이지 갑자기 순이익이 뛰어오른 것은 아니었다. 2019년에는 적자 규모가 더 커진 상황이다.

이런 모습만 본다면 안정성 면에서 상당히 불안한 것으로 평가할 수 있다. 하지만 앞서 설명한 것처럼 관련 의료 부문의 라이선스 등 수익이 추가되기 시작하면 이런 불안한 수익구조는 상당 부문 개선될 것으로 기대된다.

순매매그래프로 안전하게
매수타이밍을 잡아 매수

에이치엘비를 투자유망종목으로 선정했다면 언제 매매에 나서야 수익을 챙길 수 있을까? 이 종목의 주가는 2017년 상반기까지도 별 움직임 없이 저가에서 횡보하고 있다가 하반기부터 급등했다. 그 후로는 테마주로 엮이면서

2019년 하반기 고점을 찍고 하락하던 주가는 2020년 들어 코로나19 때문에 반사이익을 보며 상승하고 있음.

[그림 3-51] 최고점을 찍고 하락한 후에 다시 반등하는 주가   자료: e베스트증권

급등락을 반복하고 있다. 최근에는 2019년 10월 말경에 20만 원대를 돌파하면서 폭등하기도 했지만 이내 하락하고 있다. 그후 코로나 사태로 반사이익을 보면서 상승곡선을 타려 하고 있다.

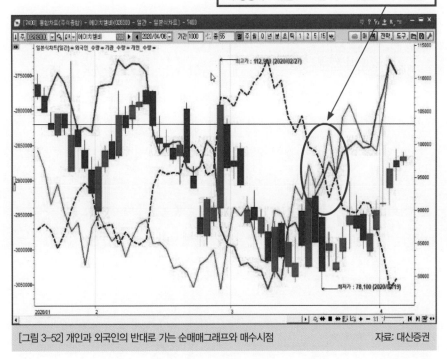

개인과 외국인의 순매매금액이 반대로 가면서 주가
가 상승하고 있음. 교차할 때가 확실한 매수시점임.

[그림 3-52] 개인과 외국인의 반대로 가는 순매매그래프와 매수시점   자료: 대신증권

2020년 3월 19일에 하락곡선을 그리던 개인의 순매수곡선이 상승하는 외
국인의 순매수 금액과 교차하면서 매수타이밍을 알려주고 있다. 이 즈음 7만
8000원 대로 저점을 찍은 지수는 순매수곡선 교차 후에 9만8000원대까지 상
승하고 있다. 코로나19 사태로 증시가 급락한 후에 관련 테마주로 수혜를 입
으면서 주가가 상승세로 돌아설 때, 개인과 외국인의 순매수금액 차트 교차
를 확인하면 안전하게 저점에서 매수할 매매시점을 잡을 수 있다.

에이치엘비는 최근 몇 년간 수익성 면에서 불안한 모습을 보여왔다. 매출비율도 기존의 복합소재 관련 부문이 70퍼센트가 넘으면서 무늬(?)만 바이오/의료기업이라는 분위기가 있었다.

한편 2020년 3월 외국인들이 우리 증시에서 천문학적인 물량을 매도하면서 지수가 폭락했다. 이 와중에 코스닥시장에서 외국인이 일부 종목은 열심히 사들였는데 이들 순매수 상위 기업 중에서 2위가 바로 에이치엘비다. 그리고 그 시점은 앞에서 설명한 순매수차트로 확인이 되고 있다. 그런 점에서 성장성은 라이선스사업 증대와 함께 기대할 만하다.

– 수익성: ★★★
– 안정성: ★★★
– 성장성: ★★★★

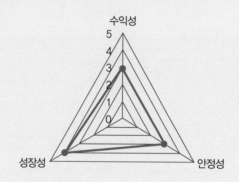

독보적 기술과 발 빠른 대응으로
세계에 이름을 알리다 – 씨젠

회사 개요

- 씨젠은 유전자분석 상품, 유전자진단 관련 시약 및 기기개발을 주사업 목적으로 2000년에 설립되었으며 2010년 코스닥시장에 상장함.
- 타깃하는 유전자만 증폭시켜 질병의 다양한 원인을 정확하게 분석할 수 있는 멀티플렉스 유전자 증폭 시약 및 분석 소프트웨어의 원천기술을 보유하고 있으며 Seeplex, Anyplex II, Allplex이 주요 제품임.
- 연결대상법인으로 진단시약 및 장비판매업을 영위하는 해외법인 6개사를 보유하고 있음.

10대 미래 유망기술에
진단기술 관련 3개가 선정

고령화 사회를 넘어 100세 시대 및 초고령 시대로의 진입를 앞두고 각국 정부에서는 헬스케어 산업의 육성 및 투자계획을 본격적으로 구체화하고 있다. 우리 정부도 헬스케어산업을 육성하고, 글로벌 시장을 선점해서 새로운 국가 성장동력으로 삼겠다는 국정과제를 확정함에 따라 바이오 헬스케어 산업에 정부 지원이 확대될 것으로 예상되고 있다.

한국과학기술기획평가원(KISTEP)에서는 고령화 시대에 반드시 필요한 '스마트 에이징'을 선도할 10대 미래 유망기술을 선정해 발표했다.

선정된 10대 기술 중 질병 진단 관련 기술이 세 건이나 포함되어 있어 진단

〈10대 미래 유망기술〉

기술	내용
신경줄기세포 치료 기술	신경줄기세포를 뇌에 이식해 죽은 뇌세포 대체
나노 바이오 의료센서	간편하게 질병을 진단할 수 있는 기술
대화형 자연어 처리기술	사람이 말하는 문장을 인식하고 대답
생체신호 인터페이스	동작으로 컴퓨터에 명령을 내릴 수 있는 기술
무인 자율주행 자동차	사람 없이 주행이 가능한 자동차 기술
분자 영상 질병진단 기술	세포 내 질병을 분자 수준에서 정확히 관찰
라이프케어 서비스 로봇 간병	간병, 청소 등 가사지원이 가능한 로봇
근력지원 로봇수트	사용자의 근력을 증강시키는 로봇
실감형 스마트워크	어디서나 네트워크 연결이 가능한 기술

을 중심으로 한 헬스케어 산업에 지원이 확대될 것으로 기대되고 있다. 이와 같이 전 세계적으로 예방이나 최적의 치료에 진단이 필요함을 인식하고 있고, 의료비용 절감 또는 의료서비스의 효율성 제고 측면에서도 진단 분야에 각국 보건의료 정책이 초점을 맞추고 있다. 이는 최근의 코로나19 사태로 전 세계가 진단키트의 개발과 확보에 비상이 걸린 상황을 보면 그 중요성을 확인할 수 있다.

진단 분야 중 유전자 분석을 통한 분자진단의 핵심기술 보유

씨젠은 진단 분야 중 환자에게 채취한 검체(타액, 뇨, 척수액, 혈액 등)로부터 질병을 진단하는 체외진단(IVD; In vitro Diagnostics), 그중에서도 유전자(DNA 및 RNA) 분석으로 질병의 원인을 감별하는 분자진단(Molecular Diagnostics)을 핵심 사업으로 삼고 있다.

분자진단은 체외진단 방법 중 유일하게 조기진단이 가능하고 예방의학 및 맞춤형 치료를 가능하게 하기 때문에 체외진단 시장에서 가장 빠른 속도로 성장하고 있는 분야이다. 이런 이유로 기타 체외진단 기술을 보유한 기업보다 분자진단 기술을 보유한 기업의 가치가 점진적으로 높아지고 있는 상황이다.

분자진단은 1983년 중합효소연쇄반응(PCR: Polymerase Chain Reaction)이라 불리는 유전자 증폭기술이 개발된 이후 1990년 후반~2000년 초기에 진단 시

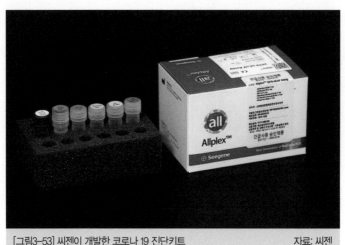

[그림3-53] 씨젠이 개발한 코로나 19 진단키트   자료: 씨젠

장에 도입되었다. PCR 기술은 환자 몸 안에 존재하는 적은 양의 질병 원인 유전자를 증폭해서 가시화해 진단에 활용할 수 있게 해주는 기술이다. 이 기술은 개발된 지 30년이 지났지만 아직까지도 분자진단 시장에서 가장 큰 비중을 차지하고 있다. 또한 현재 개발 중인 다양한 분자진단 방법도 이런 PCR 기술을 중심으로 발전하고 있는 추세다.

발 빠른 대응으로
세계적인 기업으로 올라설 기회 잡아

한국은 코로나19와 관련해서 세 달 남짓한 기간에 전체인구의 0.6퍼센트 (30만 명)를 진단했다. 세계적으로도 유례가 없는 발 빠르고 대대적인 대처능력을 전 세계가 주목하고 있으며 한국식 방법을 속속 도입하고 있다. 이는 신속하게 진단키트를 개발하고 대량으로 보급할 수 있는 역량을 갖춘 진단키트 생산기업이 있었기에 가능했다.

2019년의 마지막 날 중국의 우한시에서 원인불명 바이러스성 폐렴 환자가 집단 발병했다는 뉴스가 국내에 최초로 보도됐다. 분자진단 시약 개발사 씨젠의 천종윤 대표는 이 뉴스를 접하고 바이러스가 빠른 시간에 전 세계로 확산될 가능성이 매우 높다고 판단했다. 그래서 그는 회사에서 진행 중이던 모든 작업을 중단하고 최우선 순위로 진단시약 개발에 착수하라고 지시했다.

이후 회사의 모든 역량을 집중해서 불과 2주 만에 코로나19 바이러스 진단키트 '올플렉스(Allplex 2019-nCoV Assay)'를 개발했다. 보통 인허가에는 6개월 이상 걸리는데 당시 우리나라의 급박한 상황을 감안해 2020년 2월 12일 긴급 사용승인을 받았다.

그후 씨젠은 일주일에 10만 테스트를 생산하다가 세계적으로 코로나19가 확산되면서 일주일에 100만 테스트로 증산했다. 그리고 이탈리아, 스페인, 프랑스, 독일 등의 유럽과 미국 및 아시아 등 해외 50여 개 국가에 진단시약을 공급하고 있고 수출국가는 갈수록 늘어날 전망이다. 이런 수요를 감당하고자 씨젠은 한 걸음 더 나아가 300만 테스트가 가능하도록 증산할 준비를 하고 있다. 이런 발 빠른 대응 덕분에 씨젠은 이제 세계에서 수출요청을 받는 등 관련 분야에서 독보적인 회사로 자리매김하게 되었다.

빠르고 대용량 검사가 가능해서
진단 대중화에 기여, 독보적인 차별화

씨젠이 개발한 코로나19 바이러스 진단키트는 한 박스 용량으로 100명을 검진할 수 있다. 씨젠이 개발한 진단시약의 우수성은 빠른 개발 속도뿐만 아니라 테스트의 신속성과 대량 자동검사에서도 찾을 수 있다. 최종 확진을 진단하는 방법은 바이러스 존재 자체를 확인하는 RTPCR(실시간 역전사중합효소연쇄반응)이다. 수동검사로 진행되던 기존 검사법은 검사 시간이 오래 걸릴 뿐만 아니라 대량 검사가 어려운 단점이 있는 반면에 씨젠 제품은 빠르면 4~6시간 만에 대량으로 검사결과를 확인할 수 있다는 장점이 있다.

이런 신속한 검사는 바로 자동검사 시스템 덕분에 가능했다. 현재 외국은 대부분 병원 인력이 수동으로 검사하는 데 비해 씨젠의 검사 방식은 샘플이 병원에 도착하면 핵산 추출, PCR 검사, 결과 판독, 보고 및 집계까지, 기계에 넣으면 하나의 프로세스를 통해 자동으로 처리된다.

한때 미국 하원의원은 한국의 진단키트가 부정확하다고 주장했고 미국 FDA는 진단자 수를 늘리기 위해 응급용으로 한국의 진단키트를 수입하는 것은 적절하지 않다는 의견을 내 논란이 일기도 했었다. 하지만 결국 이 모든 의구심을 불식시키고 미국도 씨젠의 제품을 수입하기 시작했다.

어린 시절 병마와 싸운 경험이
씨젠 창업과 기술의 원천

천종윤 대표가 2000년 씨젠을 설립한 초기 3년간은 매출이 제로였다. 하지만 그는 오히려 한동안 외부와 연락을 끊고 연구에만 몰두했다. 그 결과 여러 원천기술 개발에 성공했고 씨젠은 호흡기(579개), 소화기(345개), 성감염증(297개), 암 등 기타(103개) 질환의 시약 및 장비 제품군을 확보하게 되었다.

씨젠이 이렇게 다양한 분야에서 독보적인 기술을 확보할 수 있었던 것은 천 대표의 어린 시절과 무관하지 않다. 그는 중학교 졸업 후에 발병한 결핵 때문에 고등학교도 다니지 못한 채 5년간 요양해야 했다. 이후 독학으로 검정고시에 합격해서 대학교에 입학했고 졸업 후에는 미국 테네시대에서 분자생물학 박사, 이후 하버드대, UC버클리대 등에서 박사후 연구원으로 일하다 귀국해서 회사를 창업했다.

회사 초기에 힘든 시간을 보냈지만 그는 세계 최고 기술, 원천기술이라는 목표를 설정했고 누구도 만들지 못한 것을 보여주면 세계가 눈여겨볼 것이란 믿음으로 끊임없이 연구개발을 반복했다. 이런 일이 가능했던 이유는 본인이 난데없는 병마와 오랜 시간 싸우면서 인생의 깊은 의미를 깨달은 점과 다른 이들이 같은 고통을 겪지 않게 하겠다는 사명감이 작용했기 때문이다.

AI(인공지능)로 개발 프로세스를 자동화해서
글로벌 플랫폼 구축

씨젠은 향후 바이오기업을 넘어 첨단 IT 및 플랫폼 기업으로 발돋움하겠다는 비전을 마련하고 있다. 슈퍼컴퓨터에 맞먹는 대용량 컴퓨터에 20년간의 경험과 기술을 모두 집약해 빅데이터 시스템을 구축했다. 질병 진단과 관련해 고려해야 하는 사항이 수백 가지가 넘기 때문에 인간의 분석 능력으로는 한계가 있어 인공지능(AI) 기술을 적극 활용한 것이다. 이런 시스템을 개발하고자 통계학, 수학, 물리학, 전기공학 박사를 비롯해 각 분야 전문가를 영입해서 지난 5년간 꾸준히 준비해왔고 지금은 완료 단계라고 알려져 있다.

향후 예상되는 성과를 쉽게 설명하자면 전 세계 연구원 누구나 어디서든지 지침을 입력하면 인공지능이 관련 시약 제품을 빠르게 만들 수 있는 플랫폼을 구축한 셈이다. 이를 통해 연구자 누구나 PCR 시약 개발을 마치고 인허가를 추진해 사업화할 수 있다는 것이 장점이다. 또한 이런 노력 덕분에 분자진단의 대중화가 이루어져 검사가 더욱 쉽고 빠르고 저렴해질 것으로 기대되고 있다.

2020년 비약적인 매출과
수익증대 예상

씨젠은 최근 몇 년간 꾸준하게 매출과 수익이 늘어나고 있는 추세다. 2019년 연결기준 매출액은 전년대비 19.3퍼센트 늘어난 1220억 원, 영업이익

[표 3-22] 씨젠의 최근 주요 재무제표

구분	2017년	2018년	2019년
매출액	889	1,023	1,220
영업이익	76	106	224
순이익	33	107	267

* 단위: 억 원, * 자료: 금융감독원 전자공시시스템(DART)

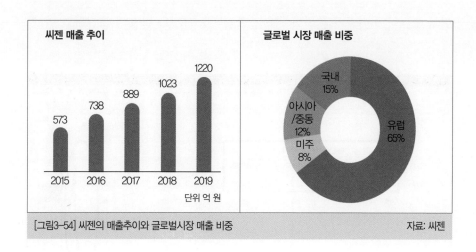

[그림3-54] 씨젠의 매출추이와 글로벌시장 매출 비중   자료: 씨젠

은 111퍼센트 늘어난 224억 원을 기록하는 등 실적이 좋다. 거기에 2020년 폭발적인 매출 증대로 향후 수익성은 상당히 가파른 상승세를 보일 것으로 예상되고 있다.

씨젠은 진단키트 관련 대장주로서 유럽과 미국 외에도 최근 확진자가 늘어나고 있는 중남미, 아시아 등 세계 각국에서 공급 요청이 쇄도하고 있어서 올해 대규모 실적 호전이 예상된다. 이런 분위기 속에 2020년 1분기 매출은 전년 대비 84.2퍼센트, 영업이익은 193.4퍼센트 증가할 것으로 예상되고 있다.

누적된 기술력 위에 물 만난 기회를 살린
실적은 주가상승으로 이어져

3만 원 내외의 박스권에서 지루한 등락을 반복하던 주가는 2020년 들어서면서 코로나19 여파가 본격화되자 진단키트로 각광을 받으며 급등하고 있다.

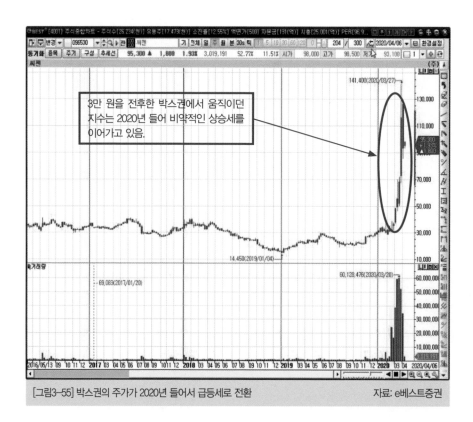

[그림3-55] 박스권의 주가가 2020년 들어서 급등세로 전환   자료: e베스트증권

순매수교차를 통해서 저점매수와 고점매도의 포인트를 잡아서 매매할 수 있게 신호가 나옴.

[그림3-56] 순매수로 확인되는 매수/매도 시점

자료: 대신증권

한 때 14만 원을 넘기기도 했던 주가는 10만 원 내외에서 가격대를 형성하고 있다.

순매수교차를 통해서 매수/매도 시점을 확인할 수 있다. 2019년 12월 초에 개인과 외국인의 순매수그래프가 교차하면서 매수신호를 내고 있다. 2만 7000원대에서 매수가 가능했고 이후에 2020년 2월말에 단기매도 신호가 나오면서 수익을 확정하며 팔고 나오는 시점을 알려주고 있다. 이때의 주가는 3만5000원 전후에서 형성되고 있다.

씨젠은 독보적인 기술력과 발 빠른 대응으로 이번 코로나19 사태의 수혜를 본 가장 대표적인 종목이라고 할 수 있다. 국내뿐 아니라 세계적으로 회사의 가치를 상승시키면서 엄청나게 도약했다. 향후에도 감염예방과 진단에 대한 각국의 관심이 매우 높아질 것이기 때문에 주가는 단기적인 등락은 있을 수 있지만 장기적으로는 지속적인 상승세가 예상된다. 아울러 매출과 수익도 비약적인 성장세가 예상되기에 수익성 · 안정성 · 성장성 모든 면에서 양호한 성과를 예상해 볼 수 있다.

– 수익성: ★★★★
– 안정성: ★★★★
– 성장성: ★★★★★

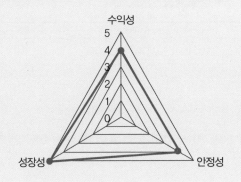

주가 등락과 명암이 극명하게 교차한다
– 젬백스

회사개요

- 반도체 및 디스플레이용 코팅레진, 필터제조 및 판매업체로 1998년 설립됨. 연결 대상 종속회사는 3개사이며, 환경오염 제어사업 및 바이오사업(항암 및 항염)을 영위함.
- 주력제품을 응용한 특수가스 제거장치 및 대기오염 방지설비와 같은 환경오염 방지 및 유해가스 제거장치 등도 생산함.
- 바이오 관련 사업을 특화하여 전문화할 수 있는 법인(카엘젬백스)을 설립하여 2008년 10월 노르웨이 소재 법인인 GemVax AS의 지분 100퍼센트를 인수함.

젬백스는 반도체 및 디스플레이용 코팅 레진(Coating Resin), 필터의 제조 및 판매업 등을 주목적으로 1998년 03월 10일 설립되었고 2005년 06월 24일자로 상장되어 코스닥시장에서 매매가 개시되었다.

필터 제조 회사에서
바이오회사 인수로 변신한 젬백스

이 회사는 앞서 말한 주목적으로 하는 영업 부문과 항암백신사업 등 바이오사업에 대한 영업 부문으로 구분돼 있다. 주된 사업 부문은 환경오염제어다. 반도체 및 디스플레이 제조 분야 등의 생산라인을 청정하게 유지하는 데 필요한 오염제어기술은 생산수율을 높이는 측면에서 간과할 수 없는 중요한 기술 분야다. 이 중에서도 공정 내 화학오염물질을 제어하는 기술은 반도체 웨이퍼 선폭이 미세화, 고집적화되고 디스플레이 패널이 커짐에 따라 제품 불량을 방지하는 핵심기술이 되었다.

환경오염제어 사업 부분에서 축적한 이러한 노하우를 바탕으로 오랜 기간 연구를 진행해 화재 대피용 마스크인 '파이브어버(5aver)' 개발에 성공했다. '파이브어버'는 화재 대피용 마스크로는 유일하게 마우스피스 방식을 채택해 국내 특허를 획득한 바 있으며, 현재 대형유통업체 등에 공급 중에 있다.

[표 3-23]젬백스의 주요 사업부문과 제품 등의 현황

사업부문	회사	매출유형	품목	구체적용도	2019년	
					매출(백만원)	비율(%)
환경오염제어사업	(주)젬백스&카엘 SHANGHAIGEMVAX&KAEL	제품	CA Filter	생산수율 향상을 위해 클린룸의 천정, 외조기, 벽면, 장비에 설치되어 외부공기 중에 함유된 유해가스나 내부에서 발생하는 화학가스를 제거하는 용도로 사용되며 작업자들을 보호하는 용도로도 적용됨	32,785	76.85%
			media	화학가스를 제거하는 용도로 사용되는 필터를 제조하기 위한 제품	5,760	13.50%
		제품	환경설비(시스템)	대기 및 실내공기질 개선 설비	–	0.00%
			환경제품	마스크	142	0.33%
		상품외	상품외	기타 상품	3,948	9.25%
			소계		42,635	99.93%
바이오사업	(주)젬백스&카엘 TELOID Inc., GemVax AS	제품	제품외	–	–	0.00%
		상품	상품외	–	–	0.00%
		기타	용역외	–	28	0.07%
			소계		28	0.07%
합계					42,663	100%

* 자료: 금융감독원 전자공시시스템(DART)

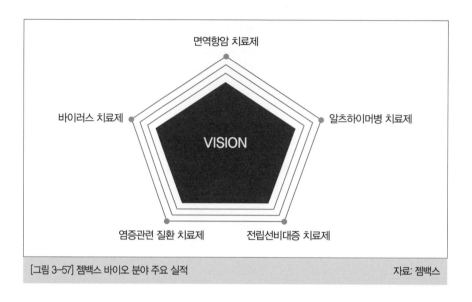

[그림 3-57] 젬백스 바이오 분야 주요 실적   자료: 젬백스

미국 백신 개발사 지분 100퍼센트를 보유하고 있는
젬백스의 위상

코로나19가 전 세계로 확산되자 제약사들도 앞을 다투어 치료제 개발에 나서고 있는 상황에서 젬백스가 미국 백신 개발사인 텔로이드(구, 에피뮨)를 100퍼센트를 보유하고 있는 것으로 알려졌다. 미국 텔로이드사는 바이러스성 질환의 예방 및 치료 백신을 개발하는 회사다. 젬백스는 2009년 에피뮨(Epimmune)의 지분 100퍼센트를 인수했고 2017년에는 상호를 텔로이드(Teloid)로 변경했다.

이 회사는 면역학 분야에서 15년 이상 연구개발을 진행한 과학자들이 1997년 미국 캘리포니아에서 설립한 회사다. 백신과 결합하여 백신의 면역기능을 강화시키는 역할을 하는 기술과, 종양과 결합한 항원이나 감염된 항원의 유전정보로부터 특정 항원을 규명하는 기술 등에 관한 특허를 보유하고 있다. 특히 유럽 및 미국에서 면역백신 관련 특허를 40여개나 보유하고 있는 것으로 알려지면서 젬백스의 위상이 새롭게 평가받고 있다.

롤러코스터처럼 온탕과 냉탕을
불안정하게 오고 가는 주가

젬백스가 바이오 사업에 진출한 2008년 당시 주가는 3500원대였으며 연말에는 2500원대로 하락했다. 이후 영국 BBC 방송과 미국의 임상 학술지가 젬백스의 항암백신 기술을 보도하고 미국의 사모투자사 SIG가 3000만 달러의 전환사채(CB)에 투자하는 등 연일 호재가 나왔다. 2009년 1월 2000원대이던 주가는 2011년 8월 4만8000원을 넘어서면서 시가총액 1조 원을 돌파하기도 했다.

젬백스는 2013년 6월 미국 임상종양학회(ASCO)로부터 '텔로백(TeloVAc, 췌장암 3상)' 임상과 항암소염제 등록이 실패했음을 통보받았다. 2013년 6월 4만 원 가까이 갔던 주가는 이후 며칠간 하한가를 기록하면서 곤두박질쳤다.

그후로도 2015년 5월 초까지 젬백스의 주가는 2만 원 전후에서 움직이다가 중국의 백화점, 슈퍼마켓, 온라인몰에 젬백스 계열의 제약·바이오 제품, 화장품, 건강식품 등을 공급한다는 소식이 나오자 한 달 만에 4만 원을 돌파하기도 했다. 하지만 중국 파트너와의 계약해지로 주가는 다시 폭락했다.

2019년 후반기에도 또다시 급등했지만 이내 다시 폭락하면서 널뛰기 장세가 이어졌다.

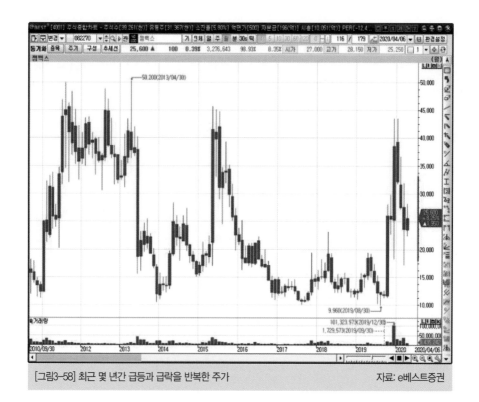

[그림3-58] 최근 몇 년간 급등과 급락을 반복한 주가   자료: e베스트증권

코로나19 치료에 긴급 투입되어
약효 입증할지가 관건

젬백스의 신약 후보물질 GV1001®이 코로나19 최대 피해 지역인 대구·경북 지역 일선 현장에 투입될 것으로 전망된다. 이 회사는 최근 대구 지역 모 병원의 요청에 따라 의약품 제공 의향서를 해당 병원 연구팀에 전달했다. 이 병원이 제출한 치료목적 사용승인 요청을 식약처가 검토 후 승인하면 젬백스는 GV1001을 대구·경북 지역에 치료제로서 공급하게 된다.

GV1001은 인간 염색체 말단에 위치한 텔로미어의 길이를 유지하는 기능을 갖는 효소인 텔로머라제 유래 펩타이드다. 항염 · 항산화, 세포보호, 항노화, 줄기세포 활성화 효과 등 다양한 기능을 갖고 있다. 앞서 젬백스는 GV1001에 대해 코로나19 관련 특허도 확보했다. 사이토카인 등 각종 염증 매개 물질을 조절해서 사이토카인 폭풍을 막는 효과를 가져온다는 사실을 증명했다고 회사 측은 밝혔다. 이를 통해서 조만간 코로나19 치료에 진일보한 발전을 이룰 수 있을 것으로 기대되고 있다.

과거 불안정한 주가만큼
매출/수익성 면에서도 불안정한 모습

이 회사는 최근 몇 년간 매출과 수익성 면에서 불안정한 모습을 보이고 있다. 표에서 보듯이 매출액은 답보상태이고 순이익은 매출대비 큰 폭의 적자를 면치 못하고 있다. 2020년에 코로나19 치료제로 긴급 투입되면서 매출/수

[표 3-24] 젬백스 최근 주요 재무제표

구분	2017년	2018년	2019년
매출액	478	472	426
영업이익	−14.1	−6.6	−84
순이익	−107.1	−921	−760

* 단위: 억 원, * 자료: 금융감독원 전자공시시스템(DART)

하락추세를 이어오던 주가는 코로나19 치료제로 긴급 활용된다는 소식으로 반등을 하고 있음.

[그림3-59] 코로나19 치료제 투입으로 반등하는 주가   자료: e베스트증권

익은 개선될 것으로 기대되지만 드라마틱한 반전은 좀 더 두고 봐야 한다. 그리고 이 종목은 이전에도 여러 호재와 악재가 교차하면서 주가가 급등과 급락을 반복해왔기에 안정적인 상승세가 지속할지 여부는 관련 테마주의 거품이 걷히고 옥석이 드러나는 것을 보고 투자를 판단해야 한다.

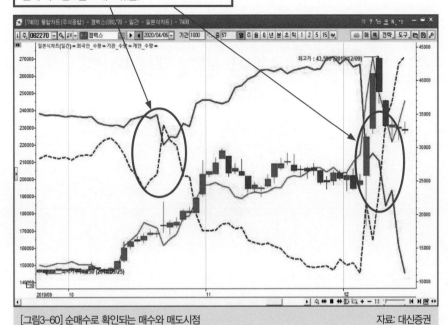

2019년 10월 말에 순매수교차로 매수신호, 12월 중순에 매도신호를 보내고 있음.

[그림3-60] 순매수로 확인되는 매수와 매도시점   자료: 대신증권

투자판단 요약
(★5개 만점 기준)

이 종목은 과거에 관련 시장에서 성공과 실패가 극명하게 나뉘었다. 그에 비례해 주가도 마치 널을 뛰듯이 급등과 급락을 반복해왔다. 최근에 코로나19 수혜주가 되면서 장래성에 희망적인 면이 보이지만 과거 사례 때문에 신뢰도 면에서는 '돌 다리도 두드리고 건너 듯'이 보수적 관점에서 지켜볼 필요가 있다.

- 수익성: ★★

- 안정성: ★★

- 성장성: ★★★

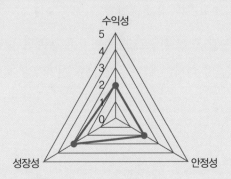

외국인 큰손이 뭔가 기대한다
– 헬릭스미스

회사개요

- 헬릭스미스는 1996년 서울대학 내 벤처로 설립되어 2005년 코스닥시장에 상장하고, 2019년 바이로메드에서 헬릭스미스로 사명을 변경함.
- 플라스미드 DNA 플랫폼을 이용한 유전자치료제를 개발하는 바이오신약 사업과 천연소재의 약효를 검증하는 천연물신약 사업을 영위함.
- 임상단계 파이프라인으로 DNA 기술기반의 VM202(당뇨병성신경병증, 족부궤양, 루게릭병), VM206(유방암)과 재조합단백질 기반의 VM501(혈소판감소증)이 있음.

　헬릭스미스는 유전공학적 기법을 이용한 신제품 연구개발 등을 목적으로 1996년 11월 21일에 설립되었고 2005년 12월 29일에 코스닥시장에 상장되었다. 이 회사는 바이오/천연물 신약개발 기업이며 종속회사 중 헬릭스미스 USA(Helixmith USA Inc.)와 제노피스(Genopis Inc.)는 의료용 신약에 필요한 의료용 물질을 제조하는 기업이며, (주)골든헬릭스는 경쟁력 있는 중소기업 및 벤처기업을 발굴해 투자하는 것을 목적으로 삼는 기업이다. 2019년 3월 27일 주주총회 상호변경 안건 결의로 '주식회사 바이로메드'에서 '주식회사 헬릭스미스'로 상호가 변경되었다. 2018년 5월에는 당뇨병성 신경병증 치료제인 VM202가 미국 FDA의 첨단재생의약 치료제(RMAT, Regenerative Medicine Advanced Therapy)로 지정받았다.

바이오신약 개발/생산, 벤처캐피탈로 구성된 삼각 편대

이 회사의 종속회사인 헬릭스미스USA는 2018년 1월에 설립된 미국 법인이다. 미국에서 통증성 당뇨병성 신경병증(PDPN) 치료제와 당뇨병성 허혈성족부 궤양(DFU)에 대한 임상 3상을 진행하고 있으며 근위축성 측삭경화증

[표3-25]헬릭스미스의종속회사사업현황요약

사업구분	회사명	주요사업내용
바이오신약개발	Helixmith USA Inc.	바이오신약 임상개발 및 품목허가, 상용화 등
바이오신약생산	Genopis Inc.	플라스미드 DNA 제조 및 생산
벤처캐피탈	(주)골든헬릭스	경쟁력 있는 중소기업 및 벤처기업을 발굴하여 사업투자

(ALS) 치료제도 희귀 의약품 및 패스트트렉으로 지정돼 임상 2상 진행을 계획하고 있다.

2018년 7월 설립된 제노피스는 플라스미드 DNA 생산을 위해 설립한 미국 법인이다. 헬릭스미스가 보유한 플라스미드 DNA 기술 기반으로 개발되는 신약의 글로벌 시장 진출에 본 생산시설이 활용될 예정이다. 제노피스는 2019년 7월, 캘리포니아 공중보건부(CDPH, California Department of Public Health)의 식약지청(FDB, Food and Drug Branch)에서 의약품 제조 라이센스(Drug Manufacturing License)를 획득하고 공정 개발 과정을 완료함에 따라 의약품제조품질관리인증(GMP) 생산에 착수했다.

㈜골든헬릭스는 2019년 8월에 설립한 투자회사로 경쟁력 있는 벤처기업을 발굴하여 투자하는 목적을 가지고 있다. 펀드 조성 및 LP(Limited Partner) 모집, 유망 벤처기업 투자, 투자관련 사후관리 그리고 투자금 회수를 통한 수익창출 등을 계획하고 있다.

31조 원 글로벌 시장에서의
승부수

2020년 4월 헬릭스미스는 천마 등의 복합추출물 'HX106'을 주의력결핍 과잉행동장애(ADHD) 증상 완화제로 본격 개발하겠다는 계획을 밝히고 승부수를 띄웠다. HX106은 2015년 식품의약품안전처로부터 기억력 개선 효능이 입증돼 개별인정형 원료로 인정받은 식물성 원료다. 이 회사는 HX106이 인지

능력을 개선한다는 사실을 이전의 여러 연구에서 입증했다. HX106가 항산화 유전자 발현을 조절하는 기전을 밝혔고 치매 동물모델을 대상으로 실험한 결과에서도 효과를 확인했다.

현재 ADHD 환자에게는 메틸페니데이트, 아토목세틴, 클로니딘 등 세 가지 의약품이 사용된다. 이 약들은 불면증, 식욕 부진, 심혈관계 이상 등 소아들의 성장에 악영향을 미치는 부작용이 있는 것으로 알려져 있다. ADHD 치료제 시장 규모는 2018년 기준으로 20조 원에서 2025년에는 31조 원으로 성장할 것으로 전망되고 있다.

각종 악재로
오랫동안 주가는 하락세를 면치 못해

헬릭스미스는 2019년 9월 당뇨병성 신경병증 치료제 '엔젠시스(VM202)'의 임상3-1A상 결과를 도출하는 데 실패했다. 이에 따라 이를 바탕으로 미국 식품의약국으로부터 시판허가를 받는 것은 불가능하게 됐다. 이후 주가는 지속적으로 하락곡선을 그리면서 흘러내렸다.

그 외에도 오너 일가의 지분 매각을 두고 논란에 휩싸였다. 당뇨성 신경병증 유전자 치료제 엔젠시스의 임상3상 결과를 도출하는 데 실패했다는 공시가 나오기 전에 오너 일가가 이를 인지하고 지분을 매각했다는 의혹이 제기되기도 했다.

또한 이연제약과 지분 분쟁이라는 악재까지 겹치면서 주가는 계속해서 흘

[그림3-61] 각종 악재로 지속적으로 하락하는 주가   자료: e베스트증권

러 내렸다. 이연제약은 2007년 40억 원을 투자해 헬릭스미스 지분 3.83퍼센트를 확보했고 2016년 10월 주주 배정 유상증자에도 참여했다. 이런 이연제약과 관계가 틀어지면서 소송전에 휘말리기도 했다.

엄청나게 늘어나는 손실규모와
지속적인 주가하락

헬릭스미스는 최근 몇 년간 매출액이 다소 늘었지만 바이오 분야의 시장 규모를 생각해보면 그다지 의미 있는 수치는 아니다. 게다가 영업이익과 순이익에서 적자폭이 기하급수적으로 늘어나고 있다. 업종 특성상 약 하나 제대로 성공하면 천문학적인 돈이 굴러들어온다지만 그 과정에서 보이는 재무제표는 여러 면에서 적지 않게 불안한 요소를 내포하고 있다.

[표 3-26] 헬릭스미스의 최근 주요 재무제표

구분	2017년	2018년	2019년
매출액	32	31	45
영업이익	-69	-200	-417
순이익	-65	-305	-1,084

* 단위: 억 원, * 자료: 금융감독원 전자공시시스템(DART)

2020년 들어서 단기적인 매도와 매수시점을 알려주는 순매수교차차트.

[그림3-62] 2020년 들어 매도/매수 시점 확인이 가능한 순매수교차   자료: 대신증권

외국인투자자의 매수로 반등의 기회 생기면서
매수신호 발생

상장지수펀드(ETF)가 전문 분야인 세계 최대 자산운용사 블랙록펀드어드바이저스(BlackRock Fund Advisors)는 2020년 2월 들어 외국인들이 대거 우리 증시에서 매도하는 와중에 헬릭스미스를 사들이면서 보유지분을 늘렸다. 이회사 주식을 52만6209주 매수하면서 보유지분이 4.89퍼센트에서 5.08퍼센트로 늘어났다. 이에 따라 블랙록은 지분 9.79퍼센트를 보유한 김선영 대표에 이어 2대주주로 올라섰다. 외국인투자자의 매수로 반등 기회가 생기면서 매수신호가 나오고 주가는 상승세로 전환하는 모습을 보이고 있다.

최근 몇 년간 지속적인 악재로 기업가 치가 하락하고 주가도 약세를 면치 못 하고 있다. 매출과 수익성 면에서도 기대에 미치지 못할 뿐만 아니라 눈덩이처럼 불어나는 손실 때문에 안정성 면에서는 심히 불안한 상태다.

그나마 다행스러운 것은 외국인 큰손이 이 종목의 가능성을 보고 지분을 늘려 2대주주로 올라섰다는 점이다. 향후 추가적인 매수와 함께 2대주주 의 이름 값을 보고 추격매수에 나서는 세력들 덕분에 단기반등에는 성공 할 수 있을 것이다. 하지만 장기적으로는 실적개선이 있을지 지켜봐야 한다.

- 수익성: ★★★
- 안정성: ★★
- 성장성: ★★★

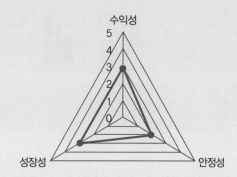

부동산/재테크/창업

장인석 지음 | 17,500원
344쪽 | 152×224mm

롱텀 부동산 투자
58가지

이 책은 현재의 내 자금 규모로, 어떤 위치의 부동산을 언제 살 것인가에 대한 탁월한 분석을 펼쳐보여 준다. 월세탈출, 전세탈출, 무주택자탈출을 꿈꾸는, 건물주가 되고 싶고, 꼬박꼬박 월세 받으며 여유로운 노후를 보내고 싶은 사람들을 위한 확실한 부동산 투자 지침서가 되기에 충분하다. 이 책은 실질금리 마이너스 시대에 부동산 실수요자, 투자자 모두에게 현실적인 투자 원칙을 수립하는 데 유용할 뿐 아니라 실제 구매와 투자에 있어서도 참고할 정보가 많다.

나창근 지음 | 15,000원
302쪽 | 152×224mm

나의 꿈,
꼬마빌딩 건물주 되기

'조물주 위에 건물주'라는 유행어가 있듯이 건물주는 누구나 한 번은 품어보는 달콤한 꿈이다. 자금이 없으면 건물주는 영원한 꿈일까? 저자는 현재와 미래의 부동산 흐름을 읽을 줄 아는 안목과 자기 자금력에 맞춤한 전략, 꼬마빌딩을 관리할 줄 아는 노하우만 있으면 부족한 자금을 충분히 상쇄할 수 있다고 주장한다. 또한 액수별 투자전략과 빌딩 관리 노하우 그리고 건물주가 알아야 할 부동산지식을 알기 쉽게 설명한다.

박갑현 지음 | 14,500원
264쪽 | 152×224mm

월급쟁이들은 경매가 답이다
1,000만 원으로 시작해서 연금처럼 월급받는 투자 노하우

경매에 처음 도전하는 직장인의 눈높이에서 부동산 경매의 모든 것을 알기 쉽게 풀어낸다. 일상생활에서 부동산에 대한 감각을 기를 수 있는 방법에서부터 경매용어와 절차를 이해하기 쉽게 설명하며 각 과정에서 꼭 알아야 할 중요사항들을 살펴본다. 경매 종목 또한 주택, 업무용 부동산, 상가로 분류하여 각 종목별 장단점, '주택임대차보호법' 등 경매와 관련되어 파악하고 있어야 할 사항들도 꼼꼼하게 짚어준다.

나창근 지음 | 17,000원
332쪽 | 152×224mm

초저금리 시대에도 꼬박꼬박 월세 나오는
수익형부동산

[부동산TV], [MBN], [한국경제TV], [KBS] 등 방송에서 알기 쉬운 눈높이 설명으로 호평을 받은 저자는 부동산 트렌드의 변화와 흐름을 짚어주며 수익형 부동산의 종류별 특성과 투자노하우 60가지를 소개한다. 여유자금이 부족한 투자자도 전략적으로 투자할 수 있는 혜안을 얻을 수 있을 것이다.

김태희 지음 | 18,500원
412쪽 | 152×224mm

불확실성 시대에 자산을 지키는
부동산 투자학

부동산에 영향을 주는 핵심요인인 부동산 정책의 방향성, 실물경제의 움직임과 갈수록 영향력이 커지고 있는 금리의 동향에 대해 경제원론과의 접목을 시도했다. 따라서 독자들은 이 책을 읽으면서 부동산 투자에 대한 원론적인, 즉 어떤 경제여건과 부동산을 둘러싼 환경이 바뀌더라도 변치 않는 가치를 발견하게 될 것이다.

이재익 지음 | 15,000원
319쪽 | 170×224mm

바닥을 치고 오르는
부동산 투자의 비밀

이 책은 부동산 규제 완화와 함께 뉴타운사업, 균형발전촉진지구사업, 신도시 등 새롭게 재편되는 부동산시장의 모습을 하나하나 설명하고 있다. 명쾌한 논리와 예리한 진단을 통해 앞으로의 부동산시장을 전망하고 있으며 다양한 실례를 제시함으로써 이해를 높이고 있다. 이 책은 부동산 전반에 걸친 흐름에 대한 안목과 테마별 투자의 실전 노하우를 접할 수 있게 한다.

안민석 지음 | 15,000원
260쪽 | 152×224mm

정부 정책은 절대로 시장을 이길 수 없다
2019 대담한 부동산 대예측

2018년은 부동산 업계에서 많은 일이 일어난 해다. 서울 아파트 가격은 하늘이 높은 줄 모르고 뛰었으며 유래 없이 강경한 정부의 부동산 대책이 나왔다. 그렇다면 2019년 부동산 시장은 어떻게 흘러갈 것인가? 안민석 저자는 지금까지 부동산 역사 중에 '규제가 시장을 이긴 적이 없다'고 말하며 대담하게 2019년 부동산 시장을 예측한다.

주식/금융투자

북오션의 주식/금융 투자부문의 도서에서 독자들은 주식투자 입문부터 실전 전문투자, 암호화폐 등 최신의 투자흐름까지 폭넓게 선택할 수 있습니다.

박대호 지음 | 20,000원
200쪽 | 170×224mm

고양이도 쉽게 할 수 있는
가상화폐 실전매매 차트기술

이 책은 저자의 전작인 《암호화폐 실전투자 바이블》을 더욱 심화시킨, 중급 이상의 투자자들을 위한 본격적인 차트분석서서이다. 가상화폐의 차트의 특성을 면밀히 분석하고 독창적으로 체계화해서 투자자에게 높은 수익률을 제공했던 이론들이 고스란히 수록되어 있다. 이 책으로 가상화폐 투자자들은 '코인판에 맞는' 진정한 차트분석의 실제를 만나 볼 수 있다.

박대호 지음 | 20,000원
200쪽 | 170×224mm

암호화폐 실전투자 바이블
개념부터 챠트분석까지

고수익을 올리기 위한 정보취합 및 분석, 차트분석과 거래전략을 체계적으로 설명해준다. 투자자 사이에서 족집게 과외·강연으로 유명한 저자의 독창적인 차트분석과 다양한 실전사례가 성공투자의 길을 안내한다. 단타투자자는 물론 중·장기투자자에게도 나침반과 같은 책이다. 실전투자 기법에 목말라 하던 독자들에게 유용할 것이다.

최기운 지음 | 20,000원
312쪽 | 170×224mm

지금, 당장 남북 테마주에
투자하라

최초의 남북 테마주 투자 가이드북 투자는 멀리 보고 수익은 당겨오자. 이 책은 한번 이상 검증이 된 적이 있던 남북 관련 테마주들의 실체를 1차적으로 선별하여 정리해 준 최초의 가이드북이다. 이제껏 급등이 예상된 종목 앞에서도 확실한 회사소개와 투자정보가 부족해 투자를 망설이거나 불안함에 투자적기를 놓치던 많은 투자자들에게 훌륭한 참고자료가 될 것이다.

최기운 지음 | 18,000원
424쪽 | 172×245mm

10만원으로 시작하는 주식투자

4차산업혁명 시대를 선도하는 기업의 주식은 어떤 것들이 있을까? 이제 이 책을 통해 초보투자자들은 기본적이고 다양한 기술적 분석을 익히고 그것을 바탕으로 향후 성장 유망한 기업에 투자할 수 있는 밝은 눈을 가진 성공한 가치투자자가 될 수 있다. 조금 더 지름길로 가고 싶다면 저자가 친절하게 가이드 해준 몇몇 기업을 눈여겨보아도 좋다.

최기운 지음 | 15,000원
272쪽 | 172×245mm

케.바.케로 배우는 주식 실전투자노하우

이 책은 전편 『10만원 들고 시작하는 주식투자』의 실전편으로 주식투자 때 알아야 할 일목균형표, 주가차트와 같은 그래프 분석, 가치투자를 위해 기업을 방문할 때 다리품을 파는 게 정상이라고 조언하는 흔히 '실전'이란 이름을 붙인 주식투자서와는 다르다. 주식투자자들이 가장 알고 싶어 하는 사례 67가지를 제시하여 실전투자를 가능하게 해주는 최적의 분석서이다.

곽호열 지음 | 19,000원
244쪽 | 188×254mm

초보자를 실전 고수로 만드는 주가차트 완전정복

이 책은 주식 전문 블로그 〈달공이의 주식투자 노하우〉의 운영자 곽호열이 예리한 분석력과 세심한 코치로 입문하는 사람은 물론 중급자들이 놓치기 쉬운 기술적 분석을 다양하게 선보인다. 상승이 예상되는 관심 종목 분석과 차트를 통한 매수·매도 타이밍 포착, 수익과 손실에 따른 리스크 관리 및 대응방법 등 주식시장에서 이기는 노하우와 차트기술에 대해 안내한다.

박병창 지음 | 18,000원
288쪽 | 172×235mm

현명한 당신의 주식투자 교과서

"기본 없이는 절대 성공할 수 없다." 주식투자교육 전문가인 저자는 시간을 지평으로 삼아 세 가지 투자 방식을 말해준다. 단기, 중단기, 중장기. 이 세 가지 시간의 지평 속에서 각각 다른 투자 방식을 취하고, 자신만의 투자 스타일을 찾아 그것을 지키면 어떤 시황 속에서도 수익을 낼 수 있다는 주장이다. 주식 교과서란 말이 허언이 아닌 이유다.